La
Revolución
Mexicana

historias
DESDE
abajo

Los monopolios mediáticos de la (in)comunicación recrean día a día la hegemonía de la historia oficial. Hartos de esos discursos globalizados y apologéticos, necesitamos nadar contra la corriente y recuperar la tradición revolucionaria. ¡Basta ya de aplaudir a los vencedores! ¡Basta ya de legitimar lo injustificable! Frente a la historia oficial de las clases dominantes, oponemos una historia radical y desde abajo, una historia desde el ángulo de los masacrados, humillados y desaparecidos.

En cada acontecimiento de la historia contemporánea se esconden la guerra de clases, la lucha entre la dominación y la rebelión; entre el poder, la resistencia y la revolución. Cada documento de cultura es un documento de barbarie. Debajo de la superficie, laten y palpitan las rebeldías de los pueblos sometidos, la voz insurrecta de las clases subalternas, los gritos de guerra de los explotados y los condenados de la tierra.

Esta colección de autores jóvenes para un público también joven, pensada para las nuevas generaciones de militantes y activistas, se propone reconstruir esas luchas pasándole a la historia el cepillo a contrapelo. La contrahegemonía es la gran tarea del siglo XXI.

COORDINADOR DE LA COLECCIÓN: NÉSTOR KOHAN

La Revolución Mexicana

Luciana Lartigue

ocean
sur

una editorial latinoamericana

ISBN: 978-1-921438-36-3

Library of Congress Control Number: 2009937205

Primera edición 2011

Impreso en México por Worldcolor Querétaro, S.A. de C.V.

PUBLICADO POR OCEAN SUR

OCEAN SUR ES UN PROYECTO DE OCEAN PRESS

México:	2ª Cerrada de Corola No. 17, Col. El Reloj, Coyoacán, CP 04640, México, D.F.
	E-mail: mexico@oceansur.com • Tel: 52 (55) 5421 4165
EE.UU.:	E-mail: info@oceansur.com
Cuba:	E-mail: lahabana@oceansur.com
El Salvador:	E-mail: elsalvador@oceansur.com
Venezuela:	E-mail: venezuela@oceansur.com

DISTRIBUIDORES DE OCEAN SUR

Argentina: Cartago Ediciones S.A. • Tel: 011 4304 8961 • E-mail: info@cartago-ediciones.com.ar
Australia: Ocean Press • Tel: (61-3) 9372 2683 • E-mail: info@oceanbooks.com.au
Bolivia: Ocean Sur Bolivia • E-mail: bolivia@oceansur.com
Canadá: Publisher Group Canada • Tel: 1-800-663-5714 • www.pgcbooks.ca
Chile: Editorial La Vida es Hoy • Tel: 2221612 • E-mail: lavidaeshoy.chile@gmail.com
Colombia: Ediciones Izquierda Viva • Tel/Fax: 2855586 • E-mail: edicionesizquierdavivacol@gmail.com
Cuba: Ocean Sur • E-mail: lahabana@oceansur.com
Ecuador: Libri Mundi S.A. • Tel: 593-2 224 2696 • E-mail: ext_comercio@librimundi.com
EE.UU.: CBSD • Tel: 1-800-283-3572 • www.cbsd.com
El Salvador: Editorial Morazán • E-mail: editorialmorazan@hotmail.com
Gran Bretaña y Europa: Turnaround Publisher Services • E-mail: orders@turnaround-uk.com
Guatemala: ANGUADE • Tel: (502) 2254 0880 • Fax: (502) 2254 0097
                • E-mail: sandino.asturias@ceg.org.gt, ceg@ceg.org.gt
México: Ocean Sur • Tel: 52 (55) 5421 4165 • E-mail: mexico@oceansur.com
Paraguay: Editorial Arandura • E-mail: arandura@hotmail.com
Perú: Ocean Sur Perú • Tel: 330 7122 • E-mail: oceansurperu@gmail.com
Puerto Rico: Libros El Navegante • Tel: 7873427468 • E-mail: libnavegante@yahoo.com
Uruguay: Orbe Libros • E-mail: orbelibr@adinet.com.uy
Venezuela: Ocean Sur Venezuela • E-mail: venezuela@oceansur.com

ocean
sur

www.oceansur.com
www.oceanbooks.com.au

Índice

*Pero no hay silencio ni deformación de la historia
que pueda borrar lo que ha quedado en la conciencia
colectiva a través de la propia experiencia revolucionaria.
Vuelve a aparecer cada vez que sus portadores
y herederos se ponen de nuevo en movimiento,
porque las conquistas de la experiencia y de la conciencia
pueden quedar cubiertas y vivir subterráneamente
por largos períodos pero son de las que nunca se pierden.*

Adolfo Gilly

Introducción

¿Por qué volver a estudiar hoy la Revolución Mexicana?

La Revolución Mexicana marcó el inicio de las grandes conmociones sociales del siglo XX. Fue una rebelión campesina, de los de abajo, los oprimidos, los explotados, que sin duda imprimió una huella indeleble en las luchas que la sucedieron. Al calor de los combates militares, que brillantemente condujeron Emiliano Zapata en el sur y Pancho Villa en el norte, los campesinos mexicanos acumularon el poder necesario para emprender transformaciones de carácter social y político sin precedentes en la historia de nuestro continente.

La insurrección contra la dictadura de Porfirio Díaz, quien gobernó el país a sangre y fuego por más treinta y cinco años, el tejido de alianzas entre las distintas fracciones de clase que permitieron la capitulación del régimen, la agudización del conflicto al interior de las coaliciones triunfantes, el problema de la autonomía en la dirección política de las fuerzas campesinas, la toma del gobierno por parte de estas y la disputa en el poder, constituyen algunas de las experiencias revolucionarias más importante del siglo.

A pesar de las limitaciones que la llevaron a su posterior derrota, la Revolución Mexicana no puede ser reducida a un enfrentamiento de guerrillas campesinas contra un ejército regular. Fue un verdadero camino revolucionario, que contempló en su recorrido la posibilidad de establecer una nueva forma de organizarse en la sociedad, recuperando una antigua tradición de propiedad comunal de la tierra violentamente despojada por la barbarie modernizadora del capital. El zapatismo fue la más alta expresión de ello, cuando aplicó en sus territorios leyes revolucionarias sobre la posesión de la tierra, la educación y la salud, es decir leyes del pueblo para el pueblo.

Las cosas han cambiado mucho desde aquel entonces, sin embargo, en el centenario de la Revolución la situación no ha variado sustancialmente. Las causas de su estallido podemos encontrarlas en cualquier barriada humilde de México desbordadas de injusticia, violencia y desigualdad. El poder sigue perteneciendo a una clase parasitaria, súbdita del imperialismo, que se beneficia y colabora con las grandes potencias perpetrando el saqueo sistemático de las riquezas locales.

Pero de igual modo que a comienzos del siglo pasado, al sur del Río Bravo muchos movimientos sociales continúan enarbolando las banderas revolucionarias. Campesinos, obreros, estudiantes, pueblos originarios, mujeres y muchos otros se organizan día a día para darle una batalla más al capitalismo. Y se organizan en movimientos sociales, guerrillas, partidos políticos, movimientos altermundistas y un sinfín de otras formas para combatir el dominio de una clase privilegiada.

Existe una continuidad en el relato de los pueblos por su emancipación. México ha sido la cuna de las grandes rebeliones que América Latina parió en la historia, y fue en el corazón de esta misma tierra que surgió el Ejército Zapatista de Liberación Nacional (EZLN). El (neo)zapatismo abrió una esperanza a nivel global cuando, en plena hegemonía neoliberal, hizo su aparición en armas desde la selva Lacandona. Mientras la academia debatía el fin de las ideologías y la historia, el suelo mexicano sembraba una vez más la semilla de la rebeldía, cuestionando el pensamiento único en el plano de las ideas y de la acción. Otra vez, el fantasma de la Revolución Mexicana recorría el mundo y los vientos de Chiapas inspiraban nuevas luchas.

En la actualidad, una parte importante de la militancia juvenil toma al (neo)zapatismo como modelo y paradigma. No obstante, muchas veces se desconocen las fuentes históricas que nutren su pensamiento y accionar. La denominación misma de la organización que vio la luz pública en 1994 responde directamente al levantamiento encabezado por Emiliano Zapata, y su formación recoge la tradición revolucionaria que la antecedió. El grito de una América profunda que arrastra en su memoria cinco siglos de dolor.

La historia nos enseña que las rebeliones del pasado iluminan el presente. Indagar, conocer y reflexionar sobre los hechos y los problemas de la Revolución Mexicana resulta no solo interesante sino también imprescindible para quien se proponga acercarse a las fuentes históricas de la lucha presente. Por ello, recoger el testimonio del México revolucionario es una tarea impostergable para los que se preguntan si otro mundo es posible.

El porfiriato.
Orden y progreso

La figura de Díaz

En toda América Latina, a fines del siglo XIX, florecieron dictaduras y otras formas políticas autoritarias que combinaron la modernización capitalista dependiente y la permanencia del atraso tradicional heredado de la colonia, para impulsar una nueva forma de inserción en el mercado mundial en medio del avance imperialista.

En México, un personaje condensó toda esa época histórica. Se trata de Porfirio Díaz (1830-1915), quien gobernó el país durante treinta y cinco años consecutivos (1876 a 1911), a excepción de los cuatro años que transcurrieron entre 1880 y 1884, durante los que tuvo lugar el interregno de su amigo Manuel González, verdadera marioneta que respondía directamente a las órdenes del tirano.

Porfirio Díaz fue un destacado general en la llamada guerra de la Reforma que había sido liderada por Benito Juárez (1806-1872) y tenía el objetivo de instaurar una república liberal en México. De su desempeño en las batallas obtuvo un gran prestigio entre los militares de la época. Tenía fuertes ambiciones políticas y enfrentó electoralmente al propio Juárez en dos ocasiones. Sin embargo, en ambas elecciones resultó derrotado. Luego de estos dos intentos fallidos de acceder al poder intentó un golpe de Estado que también fracasó.

Tras la muerte de Juárez, Sebastián Lerdo de Tejada asumió la presidencia. Díaz no abandonó sus expectativas y volvió a levantarse contra el gobierno en 1876. Esta vez pudo lograr su cometido y obligó al presidente a abandonar sus funciones. Posteriormente, mediante un triunfo electoral Díaz conquistó el poder dando inicio así al período más conocido como «porfiriato».

La barbarie de la modernización. Administración, orden y progreso

El gobierno de Díaz fue una dictadura feroz que impuso a sangre y fuego la «pacificación» del país. Su sistema profundizó la esclavitud y el peonaje que habían intentado superar los progresistas liberales de la Reforma. No había prácticamente oposición al régimen, acallada bajo una brutal represión. Existía un férreo control sobre la prensa y las elecciones eran una verdadera farsa en las que durante treinta y cinco años, sorprendentemente, siempre resultó elegido el mismo candidato por unanimidad. Todo pasaba por sus manos y en su figura estaba personificado el Estado mismo.

Mediante un sistema de prebendas sostuvo bajo su control a la Iglesia y al ejército, y sobre todo a la oligarquía que se beneficiaba del modelo reinante con cuantiosas ganancias. La vida política estaba monopolizada por un grupo de aduladores e ineptos que rodeaba al dictador, conocidos como los «científicos».

En síntesis, Porfirio Díaz contaba con el apoyo del clero, de los banqueros, los industriales, los grandes comerciantes y los grandes propietarios de tierras, así como de las empresas mineras, las fábricas de hilados y de tejidos en manos de norteamericanos y europeos. Todos ellos eran conservadores, pues no pretendían ningún cambio ya que disfrutaban de los privilegios que el régimen de Díaz les otorgaba.

El gobierno de Díaz llevó adelante un proceso de «modernización», es decir un proceso de expansión de las relaciones capitalistas de producción con la consecuente concentración de la riqueza cada vez mayor y en menos manos.

Este proceso se manifestó en el avance de los latifundios sobre las tierras pertenecientes a los campesinos y las comunidades indígenas. Desde 1883 el gobierno de Díaz puso en práctica una ley para «colonizar» supuestas tierras baldías, pero que en verdad eran terrenos pertenecientes a los pueblos y comunidades indígenas. Para ello se crearon compañías deslindadoras encargadas del reparto y que gozaban del derecho a quedarse con la tercera parte de las tierras. Un tercio de los campos mexicanos eran de propiedad extranjera y el resto pertenecía a la oligarquía terrateniente que rodeaba a Díaz en el poder.

Por otro lado, los campesinos que fueron despojados de sus tierras ya no podían sembrar y cosechar sus parcelas. Es por ello que, al no contar más con su propio sustento, se vieron obligados a trabajar en las grandes haciendas, quedando de esta manera sujetos a la tierra de los patrones. Así funcionó la moderna hacienda porfiriana.

La hacienda fue la forma de organización y explotación del trabajo que predominó en el campo mexicano. Entender cómo se estructuraba nos permitirá comprender los orígenes mismos de la rebelión popular. La Revolución Mexicana fue en esencia un levantamiento campesino contra las haciendas.

Esta forma de organización tuvo la característica de combinar en su interior relaciones capitalistas de producción con formas precapitalistas. En otras palabras, contaba con formas mixtas de organización del trabajo y su producción era dirigida tanto al mercado interno como al externo.

Para abastecerse de mano de obra, la hacienda moderna avanzó de manera salvaje sobre las comunidades con el objetivo de liberar la fuerza de trabajo. Es decir, para contar con trabajadores que al no poder sustentarse por sus propios medios se veían obligados a trabajar la tierra de otro a cambio de un jornal.

Las haciendas funcionaban como un pueblo pero con dueño. Era una verdadera institución de poder. En su interior contaban con un casco central, con la casa del propietario, las de los administradores y los empleados, las oficinas, la tienda de raya, la iglesia, la cárcel, los establos y la huerta —para alimentación de los señores—, y a veces también una escuelita.

Había cuatro clases de trabajadores: peones de residencia permanente, trabajadores temporales, aparceros y arrendatarios. Producían principalmente azúcar, ganado, algodón, henequén, café y otros productos que se comercializaban en el mercado mundial.

La tienda de raya fue una pieza fundamental en el esquema de dominación establecido en la hacienda. Los trabajadores en vez de cobrar su salario o jornal en dinero recibían unos bonos que solo servían para comprar en las tiendas de raya que pertenecían al hacendado. Los productos que allí se vendían tenían un precio mayor que el del mercado. Al ser más caros los peones se endeudaban de manera creciente con el patrón, pues su jornal no les alcanzaba para cubrir los gastos mínimos necesarios para sobrevivir. De esta manera, muchos peones que trabajaban a cambio de un salario en verdad estaban bajo una forma servil encubierta, sujetos a la hacienda por el endeudamiento. Una vez endeudados ya no podían retirarse a otras zonas donde conseguir un mejor jornal. Las deudas eran transmitidas de padres a hijos a través de generaciones. Según el testimonio de John Kenneth Turner en su libro *México bárbaro:* «Probablemente, no menos del 80% de todos los trabajadores de las haciendas y plantaciones en México, o son esclavos o están sujetos a la tierra como peones. El otro 20% lo integran los considerados trabajadores libres, quienes viven una existencia precaria en su esfuerzo por esquivar la red de los enganchadores».

Al mismo tiempo, se registró también durante esos años una importante expansión de los medios de comunicación como fue el caso de los ferrocarriles. Sin embargo, la red ferroviaria se realizó bajo un sistema de subsidios otorgados a concesiones privadas con la mediación de los gobernadores, mediante el cual las empresas y los funcionarios se apropiaron de una parte importante del dinero. El costo de la corrupción implicó en muchos casos que las vías nunca fueran construidas y el dinero destinado a ellas fuera a parar a los bolsillos de los intermediarios.

El ferrocarril fue el emblema de la penetración capitalista. La gran expansión de la red se produjo en los años 80 y se llevó adelante con el ingreso de capital extranjero. El crecimiento fue acelerado, y reflejó las necesidades del comercio mundial: 1 086 km en 1880, 1 661 km en 1881, 3 583 km en 1882, 5 308 km en 1883. En 1887 había 7 680 km, en 1890 se contaba con unos 8 558 km y en 1900 ya había unos 14 000 km.

Los capitales provenían de empresas norteamericanas e inglesas. Al igual que en otros países de América Latina, las ventajas y facilidades ofrecidas para el establecimiento de los ferrocarriles fueron increíbles, desde tierras, dinero y exenciones impositivas hasta la autorización del gobierno para utilizar trabajo obligatorio.

También, al igual que en otros países latinoamericanos, la red no se estableció según las necesidades de la población mexicana; sino en función de los intereses externos. La forma que tomó su distribución tomaba en cuenta las salidas portuarias, que era la vía de comunicación para el comercio exterior.

Por otro lado, el surgimiento del ferrocarril impactó de manera diferenciada en las zonas por donde pasaba. Daba mayor movilidad tanto a la producción como a los productores e introdujo nuevas desigualdades entre las regiones.

No obstante, es importante destacar que el ferrocarril —concebido para estar al servicio de los intereses extranjeros y de la oligarquía exportadora— cumplirá un papel central en la Revolución cuando los campesinos logren hacerse de esta herramienta para la lucha. Los rieles serán utilizados por los ejércitos rebeldes y sus vías abrirán paso a la Revolución.

En esta época también se registró la extensión de los telégrafos, los caminos, los correos, el alumbrado eléctrico y el agua potable. La urbanización del país, el aumento de la circulación monetaria y la expansión del sistema bancario. El comercio exterior aumentó considerablemente al tiempo que cambió su composición.

Todas estas transformaciones no fueron realizadas de manera pacífica. Para los campesinos la «modernización» significó la pérdida de su tierra y de su sustento. Detrás del «progreso» se escondía una nueva forma de opresión tan brutal como la anterior. Su avance arrollador encontrará la resistencia de los pueblos que desde hacía siglos luchaban por mantener el dominio de sus tierras. Un ejemplo de dignidad ha sido la guerra del pueblo yaqui entre los años 1870 y 1880 en Sonora, las resistencias de los mayas en Yucatán y muchos otros pueblos y comunidades que enfrentaron la expansión de las haciendas.

La oposición al régimen

Periódicamente el gobierno de Díaz convocaba a elecciones fraudulentas con el objetivo de legitimar su base de dominación. En el año 1910, México se preparaba para celebrar una nueva contienda electoral hacia la presidencia. Nadie esperaba cambios en el resultado de las urnas pues las elecciones era una verdadera farsa y el gobierno tenía el triunfo garantizado. Sin embargo, en ese mismo año, se conjugaron varios hechos que desestabilizaron el poder de Díaz y pusieron en cuestión la continuidad del régimen.

Desde comienzos de siglo y hacia finales de la primera década surgió una creciente oposición al gobierno.

Por un lado, se encontraba el general Bernardo Reyes (1850-1913), gobernador del estado de Nuevo León, que junto a sus seguidores se hallaba enfrentado a los llamados científicos. Su propuesta no pretendía más que la búsqueda de cierta renovación en la estructura política sin introducir grandes modificaciones al modelo económico y social que la sostenía.

Por otro lado, estaba la que aglutinaba a su alrededor don Francisco Madero (1873-1913), terrateniente y miembro de una familia acaudalada dueña de industrias en San Luis de Potosí. Esta corriente representaba el ala liberal y sumó en su apoyo a diversos sectores opositores al régimen, incluidos los que habían acompañado a Bernardo Reyes luego de que este se retirara en 1909 por imposición de Díaz. En ese mismo año, Madero fundó el Partido Antirreeleccionista Nacional. Su lema fue «sufragio efectivo y no reelección» y lanzó un libro titulado *La sucesión presidencial en 1910*.

Por último, existía una oposición de izquierda encabezada por el grupo de Ricardo Flores Magón (1873-1922) que desempeñó un destacado papel. En principio, estos grupos se habían nucleado alrededor de los Clubes Liberales, como el Club Liberal Ponciano Arriaga. Finalmente, se organizaron a través del Partido Liberal cuyas propuestas influyeron de manera decisiva en el movimiento revolucionario que derrocará a la dictadura. Aunque no fue la corriente que logró encabezar el alzamiento de 1910, su participación en los conflictos obreros, su papel de agitación y acción contra el porfiriato le permitió tener una verdadera proyección a nivel nacional. Ofreció una base de apoyo a las masas campesinas sublevadas y su periódico *Regeneración* brindó un marco ideológico a las numerosas revueltas que surgieron en los albores del nuevo siglo.

La sucesión presidencial

En marzo de 1908 el presidente Díaz concedió una entrevista al periodista James Creelman para la revista *Pearson's Magazine*, que fue traducida y publicada en México por uno de los principales diarios de la oligarquía, *El Imparcial*. La entrevista pasó a la historia por las repercusiones que generó en el seno de la clase política mexicana.

En el reportaje Díaz anunció: «No importa lo que al respecto digan mis amigos y partidarios, me retiraré cuando termine el presente período y no volveré a gobernar otra vez. Para entonces tendré ya 80 años». Aunque Díaz había insinuado su retiro en numerosas oportunidades, en esta ocasión un hecho de orden natural, sus 80 años, hizo que sus palabras fueran esta vez tomadas en serio. Puesto que se retirara o no en estas elecciones lo cierto era que estaba viejo y no duraría vivo muchos años más. El problema de la sucesión conmocionó a toda la clase política, y también a las clases populares. Esta fue la sorpresa que no esperaba la burguesía mexicana mientras debatía en los entretelones quién sería el heredero.

Tras treinta años de gobierno Porfirio Díaz había conseguido a sangre y fuego «pacificar» el país. Una pacificación siniestra que también había modificado su estructura económica, social y de clases. Sin duda esta nueva configuración del país fue lo que no tuvieron en cuenta quienes planeaban simplemente un cambio de manos en el mismo guante.

En junio de 1910, el resultado de las elecciones fue el mismo de siempre y Porfirio Díaz fue reelegido una vez más. Sin embargo, una fuerte movilización de fuerzas sociales había sido puesta en marcha y ya nada podría detenerla.

El magonismo
y la resistencia obrera

Las organizaciones obreras durante el porfiriato

Las organizaciones obreras tuvieron sus orígenes en la congrega-
ción de los artesanos. Algunas de ellas estuvieron influidas por
corrientes como el mutualismo y el cooperativismo, y contaron con
una fuerte actividad cultural, como la publicación de periódicos
y la convocatoria a reuniones. El arco ideológico que abarcaban
cubría desde el liberalismo juarista, el humanismo cristiano, el
socialismo utópico hasta el anarquismo. No fueron ajenas a los
sucesos de la Comuna de París en 1871 con las consecuentes repercusiones que esta tuvo en los intentos de organización del proletariado industrial y sus luchas por la conquista del poder a nivel
mundial. Al mismo tiempo que comenzaba a desarrollarse el proletariado en los años 1880, las tierras de América Latina recibían
a muchos de los obreros expulsados por la represión en Europa,
quienes traían consigo un cúmulo de nuevas ideas políticas.

En el régimen dictatorial de Díaz no existía legislación laboral
alguna y las huelgas y protestas estaban prohibidas. Cualquier
reclamo por mejoras en el salario o en las condiciones de trabajo eran castigadas con la deportación a las plantaciones —para
la utilización de mano de obra esclava—, la cárcel o la ley fuga.
La ley fuga fue promulgada por un decreto de Díaz y sirvió para
el asesinato indiscriminado. En ella se establecía que la policía
podía disparar a cualquier prisionero que intentara escapar. De

esta manera, los opositores eran secuestrados y llevados a un lugar desolado para ser asesinados bajo el pretexto de que habían intentado fugarse. La represión a la actividad política y a la protesta social era moneda corriente y los alzamientos campesinos eran castigados masacrando a pueblos enteros o condenándolos al exterminio.

Pero la historia ha demostrado, que aún en los peores momentos, los obreros nunca dejaron de luchar para obtener mejoras en sus condiciones de trabajo. México no fue la excepción y los ferrocarrileros, los trabajadores de la industria tabaquera, de hilados y de tejidos llevaron adelante importantes huelgas contra la dictadura. En el período que va desde 1876 a 1911 se registraron al menos unas doscientas cincuenta huelgas.

En 1904 diversas organizaciones confluyeron en La Gran Liga Mexicana de Empleados de Ferrocarril. Jesús Silva Herzog en su libro *Breve historia de la Revolución mexicana* nos hace llegar un ilustrativo relato de las condiciones de trabajo, las diferencias de trato y posibilidades que tenían los trabajadores mexicanos en relación con los empleados norteamericanos. Por ejemplo, los puestos de dirección, de segunda, tercera y cuarta línea no podían ser ocupados por mexicanos. Un fragmento del libro transcribe la descripción que un órgano de prensa hizo de esta situación.

Un periódico de la época consigna en tono festivo la preferencia por los norteamericanos en la forma siguiente:

«—¿Tú eres americano? —Sí, señor. —Pase usted y siéntese. —¿Qué son ruedas? —Unas cosas redondas. —¿Dónde va la lumbre? —En el fogón. —¿Para dónde caminan las ruedas? —Para adelante. —Es bastante, usted puede ser maquinista.

»—¿Qué es usted? —Mexicano. —¡Oh, tú molestar mucho todo el tiempo! —¿Sabes tú inglés? —No, señor. —¿Qué cantidad de combustible consumirá una locomotora corriendo a doce leguas por hora y subiendo una pendiente de 3% con presión de 100 libras? ¿Cuál sería el número de calorías de-

sarrolladas? ¿Cuál es la fricción sobre los rieles? ¿Cuál el trabajo sobre los émbolos y el número de vueltas de la ruedas?
¿Cuál es la cantidad de vapor que se consume en una subida
de 4% y dos leguas de longitud?...

    »—Señor, no sé, por qué me pregunta muchas cosas y de
una vez. —¡Ah!, tu mexicano, no saber nada. Tú muy animal,
necesitar muchas patadas. Tú no servir para maquinista. Tú no
servir más que para garrotero, en un tren de carga. Tú no as-
cender por no contestar».

La situación económica de los obreros era de una miseria absoluta, su alimentación era más que insuficiente y la ley del azote regía
frente a cualquier intento de reclamo. Sus viviendas eran precarias
en extremo y su alimentación no variaba de frijoles y maíz. John
Kenneth Turner en el libro anteriormente citado, *México bárbaro*,
nos cuenta: «Los 750 000 esclavos y los 5 000 000 de peones
monopolizan la miseria económica de México. Esta se extiende a
toda clase de personas que trabajan. Hay 150 000 trabajadores
de minas y fundiciones que reciben menos dinero por el trabajo
de una semana que un minero norteamericano de la misma clase
por un día de jornal». La crisis económica de 1907 agudizó la situación de miseria.

Las huelgas de Cananea y Río Blanco

Las acciones de resistencia obrera marcaron el inicio de la
Revolución Mexicana. Los trabajadores convocaban a huelgas
para defender sus derechos, tanto para contar con organizaciones
propias como para pedir por mejoras en las condiciones de trabajo. Hubo tres grandes huelgas de ferrocarrileros en los años 1903,
1906 y 1908, así como revueltas de mineros y obreros textiles.

    Pero se produjeron dos huelgas que tuvieron una importancia
particular. No solo por la dimensión de los acontecimientos y la

represión ejercida por el gobierno, sino porque en ellas podían vislumbrarse las próximas formas de lucha insurreccional que luego se propagarán durante la Revolución.

El 1ro. de junio de 1906, los trabajadores de la mina de cobre «The Cananea Consolidated Copper Company» convocaron a una huelga en el estado de Sonora. La huelga tenía por objetivo conseguir un aumento de salario, así como protestar por los malos tratos que el personal norteamericano infligía a los nativos. Sus principales dirigentes fueron Esteban Baca Calderón (1876-1957) y Manuel M. Diéguez (1874-1924).

Por la tarde del 1ro. de junio unos tres mil trabajadores se congregaron y recorrieron juntos las calles del pueblo haciendo oír sus reclamos y alentando a otros trabajadores a sumarse. Cuando pasaron frente a la maderera de la Cananea Copper se desató un enfrentamiento con dos capataces norteamericanos, los hermanos Metcalf, que abrieron las mangueras para incendio para agredir a la columna obrera. En respuesta a la provocación, los obreros respondieron a pedradas, hasta que un disparo de los capataces hirió de muerte a uno de los manifestantes. Los enfrentamientos se recrudecieron durante las horas siguientes en las que murieron al menos diez obreros mexicanos y los dos hermanos norteamericanos.

Luego de la muerte de sus compañeros, los trabajadores estaban enfurecidos. El propietario de la empresa, W.C. Greene, repartió rifles entre los jefes de departamento. La policía de la empresa recorrió las calles disparando sin escrúpulos a los obreros que se dispersaban. Uno de los trabajadores se dirigió al destacamento de la policía a pedir armamento para defenderse. Allí fue brutalmente golpeado mientras las armas eran destinadas a la empresa para ser utilizadas en defensa de los intereses norteamericanos. El gobernador del estado acudió rápidamente con refuerzos de la policía, empleados yanquis y, por si no resultaba suficiente, con doscientos setenta y cinco soldados norteamericanos.

Frente a la fuerza militar mexicana y estadounidense había unos cinco mil trescientos trabajadores desarmados que solo reclamaban justicia y mejores condiciones de vida.

Los obreros habían presentado a los patrones un petitorio en el que figuraban sus justos reclamos. Todos ellos fueron consignados en el siguiente memorando:

1. Queda el pueblo obrero declarado en huelga.

2. El pueblo obrero se obliga a trabajar bajo las condiciones siguientes:

    I.   La destitución del empleo del mayordomo Luis (Nivel 19).

    II. El mínimo sueldo del obrero será cinco pesos, con ocho horas de trabajo.

    III. En todos los trabajos de la «Cananea Consolidated Copper Co.», se ocuparán el 75% de mexicanos y el 25% de extranjeros, teniendo los primeros las mismas aptitudes que los segundos.

    IV. Poner hombres al cuidado de las jaulas, que tengan nobles sentimientos para evitar toda clase de irritación.

    V.   Todo mexicano, en los trabajos de esta negociación, tendrá derecho a ascenso según le permitan sus aptitudes.

El gobierno nacional —obedeciendo a los dueños de las grandes compañías— salió a defender los derechos de la empresa y mediante una brutal represión deshizo la huelga. Entonces encarceló a sus dirigentes Esteban Baca Calderón y Manuel M. Diéguez —quienes más tarde formarán parte de los ejércitos revolucionarios— en la terrible prisión federal de San Juan de Ulúa.

A pesar de que los sucesos de Cananea estaban aún muy presentes en la memoria de los trabajadores, la lucha obrera seguirá desarrollándose, y en el mes de diciembre estallará una nueva huelga en Río Blanco, estado de Veracruz. Para ese entonces, desde mediados de año se encontraba en funcionamiento el Gran Círculo de Obreros Libres. En forma paralela habían surgido organizaciones de trabajadores en Puebla, Querétaro, Jalisco, Oaxaca y Ciudad de México.

Todos los círculos estaban encabezados por el de Río Blanco. Contaban con un órgano de prensa *Revolución Social* que expresaba las posturas políticas del Partido Liberal Mexicano, encabezado por Ricardo Flores Magón. Sus páginas transmitían la idea de que era necesario llevar adelante una profunda transformación social para terminar con la miseria y la opresión que azotaba al pueblo mexicano.

El crecimiento de la organización obrera y la radicalización de sus posiciones alarmaron a los dueños de las grandes empresas. El Centro Industrial de Puebla, que representaba los intereses de la patronal, hizo saber su descontento y manifestó que estando la organización de los trabajadores prohibida por la ley, quienes participaran de ella serían despedidos. La respuesta de los obreros no se hizo esperar y pronto lanzaron una huelga. En medio de los conflictos intervino el gobierno central y ambos lados, obreros y patrones, aceptaron el ejercicio de un laudo presidencial.

El 5 de enero de 1907 se dio a conocer el resultado del laudo. Desde ya y como era de esperarse, la intervención de Porfirio Díaz resultó contraria a los intereses obreros. El Artículo 1 ordenaba lo siguiente: «El lunes 7 de enero de 1907 se abrirán todas la fábricas que actualmente está cerradas en los estados de Puebla, Veracruz, Jalisco, Querétaro, Oaxaca y en el Distrito Federal y todos los obreros entrarán a trabajar en ellas, sujetos a los reglamentos vigentes al tiempo de clausurarse o que sus propietarios hayan dictado posteriormente y a las costumbre establecidas».

Los obreros, obviamente, quedaron disconformes con lo resuelto. El laudo no les concedía ninguna mejora y los dejaba a merced de los patrones sin protección alguna contra cualquier represalia.

El mismo 7 de enero unos cinco mil obreros resolvieron no ingresar a trabajar a la fábrica y comenzaron a manifestarse en la puerta. En medio de las tensiones, un grupo de obreros discutió con los dependientes de la tienda de raya (símbolo del abuso permanente) hasta que, repentinamente, un disparo mató a uno de ellos. Los trabajadores, enardecidos por el asesinato de su compañero, se lanzaron contra la tienda para saquearla e incendiarla mientras hombres, mujeres y niños organizaban una marcha sobre Orizaba. Pero la columna fue emboscada por la fracción del 12do. Regimiento que se había apostado en la Curva de Nogales. Los soldados dispararon a mansalva contra la multitud indefensa que con sorpresa y estupor recibía las balas. El saldo de este cobarde acto fue de cientos de muertos y heridos.

Durante esa noche y los días siguientes, la policía persiguió a los obreros de manera encarnizada y salvaje. Como medida ejemplar el 8 de enero fueron fusilados el presidente y el secretario del Gran Círculo de Obreros Libres, Rafael Moreno y Manuel Juárez, en los escombros de la tienda de raya de Río Blanco. La dictadura una vez más levantaba su mano de hierro para aplastar la rebelión obrera. Pero los trabajadores habían demostrado que el régimen era vulnerable y pronto recogerían sus banderas para continuar la lucha.

Ricardo Flores Magón

La corriente liderada por Ricardo Flores Magón y organizada en el Partido Liberal Mexicano tuvo una influencia fundamental en el proceso revolucionario aunque en numerosos relatos oficiales no ha sido justamente reconocida. Su oposición firme y tenaz contra la dictadura de Porfirio Díaz marcará el rumbo de las revueltas que nacerán hacia finales de la década de 1910.

Ricardo Flores Magón fue un hombre íntegro y un verdadero revolucionario que empuñó las armas y la crítica contra la opresión, las injusticias y por la libertad. Había nacido el 16 de septiembre de 1873 en San Antonio Eloxochitlán, estado de Oaxaca.

Estudió abogacía y participó en los conflictos estudiantiles contra la dictadura y la reelección de Díaz. En 1890, fundó el periódico *Regeneración* donde expresó la oposición más radical al porfiriato. Fundó en 1901 el Partido Liberal Mexicano junto con otros colaboradores como Camilo Arriaga, Antonio Díaz Soto y Gama y Juan Sarabia. Fue uno de los principales precursores ideológicos de la Revolución Mexicana y sin duda uno de los más profundos.

Fue un estudioso de las ideas anarquistas, aunque también estuvo influido por la tradición liberal de la Reforma y la herencia de organización comunal de las poblaciones indígenas. Haber nacido en una comunidad oaxaqueña le permitió conocer de cerca la realidad de los pueblos originarios. Cuando se alejó del liberalismo —basado en la propiedad privada— planteó la necesidad de la destrucción de la burguesía y de su estructura gubernamental para regresar a la forma de producción asociada y libre de los indígenas, tradición que estos practicaban desde hacía siglos. Defendió la apropiación de las fábricas y talleres por parte de los trabajadores para ponerlas en funcionamiento bajo formas de producción colectiva, como parte del camino hacia una revolución social.

Por su constante actividad de agitación política fue perseguido por el gobierno y numerosas veces encarcelado, hasta que en 1904 junto a otros dirigentes del Partido Liberal se exilió en Estados Unidos. Desde allí reanudó la publicación del periódico *Regeneración* y tuvo contacto con luchadores del sindicalismo norteamericano de la Western Federation of Miners y la Industrial

Workers of the World (IWW) y también con la dirigente anarquista Emma Goldman.

Desde el exilio organizó la distribución de *Regeneración*, para difundir sus ideas contra la dictadura y exponer los principios de justicia que motivaban su lucha, al tiempo que convocaba a la rebelión. Allí también encontrará la muerte el 21 de noviembre de 1922 en la prisión de Leavenworth, Kansas. Aunque la versión oficial dice que murió por enfermedad, su amigo y compañero Librado Rivera afirmó que fue ahorcado en su celda.

El Partido Liberal Mexicano

El Partido Liberal Mexicano nucleó a uno de los sectores más radicales que participaron de las revueltas antes y durante la Revolución. A diferencia de la corriente maderista que siempre pretendió mantenerse dentro de los marcos de la legalidad y la lucha pacífica, el magonismo sostuvo el principio de que la lucha armada era un medio legítimo y necesario para combatir contra la dictadura, y por otro lado, que para conseguir un verdadero y definitivo triunfo era preciso transformar por completo las bases del sistema de explotación existente. Quienes conformaban el Partido Liberal Mexicano entendían que los problemas sociales, políticos y económicos que agobiaban a las clases populares no se resolverían con el simple cambio de un gobernante autoritario por otro democrático, sino que era necesario echar por tierra el régimen de acumulación y explotación que hundía en la miseria a la mayoría de los mexicanos.

El Programa del Partido Liberal ha sido uno de los documentos más importantes de la época. Su publicación dejó una marca imborrable en numerosos jefes revolucionarios. Muchos de ellos encontraron en este una fuente de inspiración a sus ideas. Fue firmado el 1ro. de julio de 1906 en Saint Louis, Missouri, por Ricardo

Flores Magón y su hermano Enrique, Antonio Villarreal, Juan y Manuel Sarabia, Librado Rivera y Rosalío Bustamante. El documento circuló primero en forma clandestina.

El contenido del Programa era muy avanzado en términos políticos y económicos, y evidenciaba una significativa preocupación por la cuestión social. El texto exponía ampliamente los principales puntos programáticos de gobierno, entre los que podemos mencionar: la necesidad de luchar contra la tiranía mediante reformas constitucionales, abolir el servicio militar obligatorio y establecer una Guardia Nacional, fortalecer la instrucción pública y laica, limitar el poder del clero católico, sancionar leyes de protección al trabajador y regular la relación entre el capital y el trabajo para mejorar las condiciones laborales, resolver el problema de la tierra y establecer una legislación protectora de los peones e indígenas, suprimir a los jefes políticos, mejorar la regulación impositiva y otros puntos más generales.

El documento impactó de manera contundente en las discusiones de la época y entre sus líneas pueden encontrarse los antecedentes de lo que será la Constitución de 1917, principalmente las disposiciones relativas a la regulación sobre el trabajo que figuran en el Artículo 123.

Además de impulsar la discusión ideológica y propagandizar los principios revolucionarios, estos luchadores participaron en los grandes conflictos obreros que antecedieron a los sucesos de 1910, como las huelgas obreras de Cananea y Río Blanco. También organizaron desde el Partido Liberal dos insurrecciones. La primera fue en septiembre de 1906, que fracasó porque el gobierno tuvo éxito en infiltrar espías y conseguir los datos necesarios para encarcelar y asesinar a los dirigentes antes de la fecha prevista. No obstante, un grupo logró apoderarse de la Ciudad de Jiménez, en Chihuahua y otro sitió el cuartel del ejército en Acayucan, en el estado de Veracruz. A pesar del apoyo de la población local, no pudieron sostenerse más de un día cuando trenes abarrotados de soldados llegaron hasta las ciudades y pusieron término a la fugaz victoria.

El segundo intento revolucionario fue en 1908. Estaba fechado para el 25 de junio pero se vio frustrado, pues otra vez fueron descubiertos por el gobierno. El alzamiento quedó limitado a pequeños grupos aislados en Viesca y Las Vacas, Coahuila; y en Palomas, Chihuahua, que fueron prontamente derrotados.

Pese al fracaso de estas acciones insurreccionales la experiencia del Partido Liberal Mexicano sembró una semilla que pronto daría sus frutos. La crisis económica mundial de 1907-1908 agudizaba el cuadro de conflictos y la crisis política se reflejaba en la lucha por la sucesión presidencial.

Madero

y la insurrección

Madero y el antirreeleccionismo

Con la vejez de Porfirio Díaz coincidió el fin de toda una era política. Su forma de dirigir México entró en crisis y declive y una nueva fracción de la burguesía mexicana pugnaba por hacerse del poder. Ya no serán las formas autoritarias y despóticas del porfiriato su fuente de inspiración, sino el liberalismo constitucionalista.

El objetivo no consistía en transformar la base social y económica de México; sino introducir cambios de orden político con la finalidad de democratizar el modo de gobierno. Francisco Madero era el representante que más se ajustaba a las necesidades de la fracción burguesa en ascenso para la nueva etapa que se abría.

Consecuente con sus ideas, Madero intentó hasta último momento un traspaso del poder negociado y pacífico. Pero la intransigencia de Díaz y su voluntad de perpetuarse en el poder impulsaron a esta corriente hacia un proceso de radicalización. Bajo el lema de «No reelección y sufragio efectivo» Madero logró que confluyeran a su alrededor diversos sectores sociales opositores a Díaz y a los científicos.

En los meses previos a las elecciones, Madero recorrió el país dando discursos con el objeto de expandir el antirreeleccionismo. El gobierno de Díaz comenzó a disgustarse, y más precisamente a preocuparse, pues Madero recibía cada vez más apoyo por parte de la población.

El 7 de junio Díaz, ordenó encarcelar a Madero bajo la acusación de incitar al pueblo a la rebelión. En este marco, las elecciones se llevarían a cabo mientras el principal dirigente de la oposición se encontraba imposibilitado de participar.

Al mes siguiente de las elecciones, Madero recuperó su libertad y el 6 de octubre escapó hacia Estados Unidos. Desde allí y sin poder vislumbrar lo que terminaría aconteciendo, llamó a desconocer el resultado de las elecciones y convocó al pueblo mexicano a levantarse en armas bajo el Plan de San Luis de Potosí. La constelación de pugnas y contradicciones entre las distintas fracciones de la burguesía mexicana abría la posibilidad de que emergiera el movimiento revolucionario.

En sus inicios el maderismo contó con el apoyo de un sector de la burguesía alejada de la tierra que había desplazado sus inversiones hacia la industria. El nuevo contexto político le permitía aprovechar la situación para ajustar el nuevo modelo a sus necesidades de expansión. También se vio arrastrada un ala de la pequeño-burguesía que anhelaba democratizar la vida política del país. Y por último, las clases populares vieron la posibilidad de mejorar sus condiciones de vida tanto en la ciudad como en el campo. Más concretamente, conquistar derechos sindicales y solucionar el problema de la tierra.

Poco a poco las fracciones burguesas fueron elevando su disputa, esto permitió que los desposeídos de México incorporaran sus demandas y utilizaran los canales burgueses en cortocircuito para darles curso hasta tanto lograran hacerse de representación propia.

El Plan de San Luis y el llamado a las armas

No vaciléis pues un momento: tomad las armas, arrojad del poder a los usurpadores, recobrad vuestros derechos de hombres libres.

El Plan de San Luis fue redactado en la Ciudad de San Antonio de Texas, Estados Unidos y fechado el 5 de octubre de 1910, el último día que Madero estuvo en suelo mexicano. En su proclama convocaba al pueblo a luchar contra la tiranía, rechazar las últimas elecciones y sostener los principios de sufragio efectivo y no reelección. Madero se declaraba presidente y ponía fecha para la rebelión en armas: el domingo 20 de noviembre de 1910.

El objetivo del plan era restablecer las bases de la democracia liberal en México. Sin embargo, los maderistas sabían que las clases populares solo se sumarían al movimiento si se incorporaba alguna demanda social concreta. Por eso incluyeron el Artículo 3 donde se hace referencia explícita al problema de la tierra. Sin lugar a dudas la inserción de este punto resultó decisiva para que la masa campesina brindara su apoyo. El pueblo mexicano buscaba cambios profundos y especialmente el campesinado se formó la esperanzadora idea de que con el fin de la dictadura y el advenimiento del próximo gobierno recuperarían las tierras que le habían sido arrebatadas por las haciendas.

El mencionado artículo planteaba lo siguiente:

Artículo 3: Abusando de la ley de terrenos baldíos, numerosos pequeños propietarios, en su mayoría indígenas, han sido despojados de sus terrenos, ya por acuerdos de la Secretaría de Fomento o por fallos de los tribunales de la república. Siendo de toda justicia restituir a sus antiguos poseedores los terrenos de que se les despojó de un modo tan arbitrario, se declaran sujetos a revisión tales disposiciones y fallos y se exigirá a los que los adquirieron de un modo tan inmoral, o a sus herederos, que los restituyan a sus primitivos propietarios, a quienes pagarán también una indemnización por los perjuicios sufridos. Solo en el caso de que esos terrenos hayan pasado a tercera persona antes de la promulgación de este plan, los antiguos propietarios recibirán indemnización de aquellos en cuyo beneficio se verificó el despojo.

El problema de la tierra era el problema fundamental de las clases populares mexicanas y en el Plan de San Luis encontraron la plataforma para elevar su planteo a escala nacional. Para los campesinos derrocar a la dictadura era sinónimo de reparto de tierras. Madero no lo entendía así y pronto surgirán las diferencias.

Los campesinos se suman a la revuelta

El Plan de San Luis tuvo una amplia y rápida difusión y funcionó como un punto de coordinación y articulación en medio de la creciente convulsión política. Esta situación potenció la capacidad de acción local y multiplicó los levantamientos en respuesta al llamado insurreccional.

En el estado de Puebla fue asesinado por la policía el jefe del movimiento en el sur, Aquiles Serdán, dos días antes de la fecha indicada para la rebelión.

En el norte del país, el gobernador del estado de Chihuahua, el reconocido maderista Abraham González, intentaba organizar milicias populares. Así fue como decidió entrevistarse con Francisco Villa para ponerlo al tanto de sus planes y convocarlo a sumarse a la revuelta. Para convencerlo le leyó el Plan de San Luis a sabiendas de que el contenido social del mismo resultaría de su interés. Villa no dudó en brindar su apoyo y junto con Pascual Orozco encabezaron levantamientos en los estados de Durango y Coahuila. En los meses siguientes, ya en el año 1911, se registraron nuevos alzamientos que se extendieron por toda la región.

A fines de enero, un grupo liderado por Ricardo Flores Magón tomó la Ciudad de Mexicali y logró apoderarse de Baja California. Aun cuando se rebelaron al mismo tiempo que las fuerzas maderistas, estos sucesos no tenían ninguna conexión política con los que se desarrollaban en Chihuahua. Los magonistas perseguían otros objetivos y más allá de derrocar a la dictadura luchaban por transformar radicalmente la sociedad mexicana.

Durante el mes de marzo hizo su aparición Emiliano Zapata, quien se levantó en el sureño estado de Morelos acompañado por el maderista Torres Burgos. Del mismo modo, en el estado de Guerrero, otros jefes campesinos se sumarán a los estallidos e impulsarán tomas de haciendas.

El 18 de marzo de 1911 apareció en circulación el Plan Político Social proclamado por los estados de Guerrero, Michoacán, Tlaxcala, Campeche, Puebla y el Distrito Federal. El Plan retomaba los principios del Plan de San Luis, reconocía a Francisco Madero como presidente e incorporaba también una serie de demandas sociales como el reclamo de aumentos en los salarios, la reducción de la jornada laboral, mejoras en las condiciones de vida de los indígenas y una solución al problema de la vivienda y la falta de tierra. Uno de sus párrafos expresaba que: «Todas las propiedades que han sido usurpadas para darlas a los favorecidos por la actual administración serán devueltas a sus antiguos dueños», así como que «todos los propietarios que tengan más tierras de lo que pueden o quieran cultivar, están obligados a dar los terrenos incultos a los que los soliciten, teniendo por su parte, derecho al rédito de un 6% anual, correspondiente al valor fiscal del terreno». El plan incluía también demandas de carácter político más profundo como la necesidad de abolir los monopolios.

La lucha por la tierra era el verdadero motor de la movilización campesina. El naciente movimiento ofrecía una pequeña luz de esperanza en el porvenir y con ese horizonte los hombres y mujeres del campo se fueron sumando a las guerrillas populares.

Madero había regresado el 14 de febrero de 1911 y el 6 de marzo afrontó su primera batalla importante contra el ejército federal. Fue derrotado con sus mejores tropas cuando intentó atacar el poblado de Casas Grandes. Pero a pesar del fracaso militar inicial, el Plan de San Luis y su Artículo 3 habían encendido la mecha revolucionaria.

A pesar de su creciente radicalización Madero nunca suspendió las negociaciones con el porfirismo, y en ese marco ambos bandos acordaron un armisticio hasta el día 7 de mayo. Llegada la fecha las tropas revolucionarias encabezadas por Villa y Orozco se encontraban rodeando las puertas de Ciudad Juárez. Madero quería evitar a toda costa un enfrentamiento directo con las tropas federales y ordenó a los jefes revolucionarios que se mantuvieran sin actuar. Pero Villa y Orozco desoyeron sus indicaciones y el día 8 presentaron combate. La batalla duró tres días hasta que la ciudad quedó completamente en sus manos. Esta fue la primera gran victoria de la Revolución. Villa y Orozco fueron los verdaderos héroes de esta epopeya y solo a ellos les cabe el reconocimiento histórico de haber sido quienes decidieron enfrentarse sin vacilaciones al ejército federal del poder político terrateniente.

Simultáneamente, a mediados del mismo mes, Emiliano Zapata logró ocupar la ciudad de Cuautla. En los días siguientes, entre el 20 y el 21 de mayo, los federales abandonaron la ciudad de Cuernavaca, capital del estado de Morelos.

La Revolución avanzaba y tanto Madero como Díaz entendieron que si no resolvían con brevedad el problema de la sucesión presidencial, el río de violencia popular desatada se saldría de su cauce. Esta conclusión común fue el fundamento del tratado que ambos firmaron el 21 de mayo en Ciudad Juárez. El acuerdo establecía que Francisco León de la Barra asumiría la presidencia interina para convocar a elecciones en los términos que la constitución imponía, al tiempo que decretaba el cese de las hostilidades y el desarme de los revolucionarios.

Pero en el texto del acuerdo no figuraba ni un solo renglón que aludiera al problema de la tierra. Nada decía sobre el Artículo 3 del Plan de San Luis por el cual el pueblo —y en particular la masa campesina—, se había lanzado a la lucha.

En la Ciudad de México se había anunciado que el viejo dictador presentaría su renuncia el día 24 de mayo. Finalmente, al no concretarse su retiro, una multitud se dirigió al Palacio Nacional en protesta. Como corolario de un gobierno basado en la persecución y la represión, la jornada terminó con 12 muertos y 20 heridos. Sellando tres décadas de terror, al día siguiente Díaz renunció y escoltado por el general Victoriano Huerta, partió al exilio desde el puerto de Veracruz hacia Francia en el barco a vapor alemán «Ipiranga». Murió en suelo extranjero el 2 de julio de 1915.

Una etapa de la historia mexicana llegaba a su fin y la paz porfiriana estallaba en mil pedazos. Pero mientras para la burguesía la Revolución había terminado, para los campesinos apenas comenzaba.

El camino a la presidencia

El 7 de junio, Francisco Madero hizo su entrada triunfal a la capital del país. Allí lo esperaban cien mil personas para aclamarlo y vitorearlo. Sin embargo, los conflictos entre las fuerzas revolucionarias no tardarían en aparecer.

El presidente interino, León de la Barra, quería asegurarse el licenciamiento de las tropas revolucionarias, particularmente las zapatistas. Tras arduas y difíciles negociaciones, Zapata accedió a entregar parte del armamento que tenía en su poder. El jefe zapatista quería demostrar su lealtad a Madero. Pero la muestra de buena voluntad del sureño fue respondida por el gobierno con el envío hacia su zona de tropas federales al mando de Victoriano Huerta. La provocación no terminó allí y el 27 de agosto el ejército federal avanzó hasta Cuautla, centro de gravedad de la fuerza zapatista. Zapata estaba dispuesto a llegar a un buen entendimiento, pero el gobierno federal no respetaba ningún acuerdo. El jefe rebelde comenzaba a entender el peligro que significaba entregar las armas a sus enemigos y finalmente se negó.

La divergencia de intereses emergía al interior del movimiento revolucionario. Madero decidió el 9 de julio disolver el Partido Antirreeleccionista por el cual él y Vázquez Gómez habían sido candidatos en las elecciones presidenciales de 1910. Este hecho creó fuertes enconos entre sus partidarios y principalmente entre los seguidores de los hermanos Vázquez Gómez. Francisco Vázquez Gómez era consciente de que la cuestión de la tierra resultaba fundamental para las masas campesinas y consideraba necesario responder con brevedad a las demandas sociales. Por otro lado, estaba en desacuerdo con haber permitido que el gabinete de De la Barra estuviera conformado en su mayoría por antiguos porfiristas. Era partidario de la idea de destituir a De la Barra para asumir directamente la presidencia. Pero Madero no quería ir tan lejos y para resolver los conflictos internos creó el Partido Constitucional Progresista.

A la par de que se encendía el clima de agitación en las ciudades y la vida política institucional y partidaria comenzaba nuevamente su actividad, el frente de batalla mostraba sus fisuras. Luego de la victoria, las tensiones entre el ejército rebelde y las tropas federales fueron en aumento. La noticia de que Madero había negociado el desarme de los ejércitos rebeldes profundizó el clima de hostilidades. Se registraron enfrentamientos en varios puntos del país. El 12 de julio de 1911, en la ciudad de Puebla, las fuerzas revolucionarias recibieron disparos que provenían de un grupo de adeptos al ex gobernador del estado, el general Mucio P. Martínez. Los soldados revolucionarios respondieron de inmediato y se dirigieron hacia la penitenciaría para liberar al jefe zapatista, Abraham Martínez. El coronel Aureliano Blanquet ordenó una feroz represión de la que resultaron ochenta maderistas muertos.

Al día siguiente, Madero visitó la población. Sin embargo, para sorpresa de sus seguidores lo único que hizo fue felicitar al general que había ordenado la matanza.

A fines de agosto se realizó la reunión del Partido Constitucional Progresista en la que debía acordarse la fórmula para las próximas elecciones. Sin duda Madero sería el candidato a presidente. Pero hubo fuertes discusiones en torno a quién sería su compañero en la vicepresidencia. Dos hombres se disputaban el puesto, el abogado y poeta de Yucatán José María Pino Suárez, un personaje poco conocido hasta el momento; y Francisco Vázquez Gómez, quien tenía mayor reputación y contaba con más prestigio entre las filas revolucionarias. Madero, finalmente inclinó la balanza por Pino Suárez, hecho que terminó por minar su prestigio y expandir el malestar entre sus correligionarios. Como preludio de la ruptura, el 2 de agosto había renunciado Emilio Vázquez Gómez a su puesto en el gabinete de León de la Barra. La renuncia fue bien recibida por Madero, quien no concordaba con sus posiciones radicales y no avalaba su enfrentamiento con el presidente interino.

El 23 de septiembre de 1911, Ricardo Flores Magón, su hermano Enrique, Librado Rivera y Anselmo L. Figueroa lanzaron un manifiesto que influyó significativamente en pequeños grupos de revolucionarios. El texto del manifiesto proponía de manera audaz la lucha contra la propiedad privada y uno de sus párrafos decía lo siguiente: «[...] los altos ideales de emancipación política, económica y social, cuyo imperio sobre la tierra pondrá fin a esa ya bastante larga contienda del hombre contra el hombre, que tiene su origen en la desigualdad de fortunas que nace del principio de la propiedad privada». Este texto realizó un invalorable aporte a la discusión de ideas que circulaba en la época y puso el eje del debate en uno de los temas más sensibles para la burguesía.

El camino a la presidencia de Madero estuvo signado por el conflicto con las fuerzas zapatistas, la crisis interna de la propia fuerza maderista, la conmoción social que atravesaba todo el país, el fortalecimiento de las ideas revolucionarias y el reordenamiento de la fuerzas porfiristas que se mantuvieron en el poder gracias al tratado de Ciudad Juárez. La situación se tornaba incontrolable y el 1ro. de octubre Madero ganó las elecciones en medio de crecientes tomas de tierras en Chihuahua, Durango, Jalisco, Hidalgo, Guerrero, Tlaxcala, Morelos y Puebla. El 6 de noviembre de 1911 asumió la presidencia.

La presidencia de Madero: traición a los principios revolucionarios

Luego de ocupar el sillón presidencial, Madero se encargó de emprender nuevos intentos de negociación con el zapatismo. Pero una vez más, los zapatistas vieron incumplidas las promesas de restitución y reparto de tierras que figuraban en el Plan de San Luis. Los campesinos comprendieron que el gobierno de la burguesía liberal dilataría con mil pretextos la ejecución de medidas tendientes a resolver la cuestión agraria. Devolver las tierras a sus antiguos y legítimos dueños significaba perjudicar los intereses de los hacendados y en un futuro próximo los suyos propios.

Zapata sabía que su fuerza dependía de aglutinar a los rebeldes bajo una causa común como había sido el Plan de San Luis hasta el momento. Para convocar a la masa campesina resultaba necesario elaborar un mínimo programa de reivindicaciones agrarias y plasmar en una bandera los reclamos infinitamente postergados por los sucesivos gobiernos, incluyendo el de Madero. Para ello elaboró junto con Otilio Montaño, un maestro rural de Villa de Ayala, el Plan de Ayala. Lo dieron a conocer a fines del mes de noviembre de 1911. Este constituyó desde entonces hasta el final de la Revolución uno de los planes más radicales que pudieron desarrollar los sectores populares.

En la ciudad, el ala radical del maderismo entendió también que era necesario levantar una nueva bandera alternativa al traicionado Plan de San Luis. El 31 de octubre proclamaron el Plan de Tacubaya por medio del cual desconocían la presidencia de Madero, proclamaban la de Emilio Vázquez Gómez y planteaban que aún no se había solucionado el principal problema de México, el problema de la tierra.

Por su parte Pascual Orozco (1882-1915) se rebelaba en el norte. El 25 de marzo de 1912 lanzó el Pacto de la Empacadora, donde acusaba a Madero de haber traicionado los principios de la Revolución. El pacto retomaba los fundamentos del Plan de San Luis, los del Plan de Ayala y los del de Tacubaya.

La decena trágica y el fin del gobierno

El malestar con el gobierno de Madero abarcaba un amplio arco de sectores. La conspiración conservadora también acechaba sobre el gobierno. Los ex porfiristas aún tenían la ilusión de restablecer el régimen dictatorial. No podían aceptar los cambios que de mano de la violencia popular comenzaban a gestarse y decidieron reaccionar frente a ellos. El primer intento de golpe contra Madero se registró el 13 de diciembre de 1911 y fue encabezado por el general Reyes. No pudo lograr sus objetivos y se rindió el 25 de diciembre. Según lo establecido por el código militar la insubordinación podía ser castigada con el fusilamiento, no obstante Madero decidió enviarlo a la prisión militar de Santiago. El segundo intento se llevó a cabo el 16 de octubre de 1912 y fue dirigido por el general Félix Díaz, sobrino del viejo dictador, quien se sublevó al mando del batallón 21 en el puerto de Veracruz. A los siete días y luego de no poder resistir el ataque de la columna oficial debió rendirse y el gobierno recuperó el puerto. Una vez más Madero no aplicó la ley militar y ordenó su envío a prisión, la misma donde estaba encarcelado Reyes.

En febrero de 1913 los conservadores habían recuperado su fuerza. En la mañana del domingo 9, el general Mondragón al mando de poco más de dos mil hombres se sublevó y puso en libertad a Reyes y a Díaz. Reyes a la cabeza de los insubordinados ordenó dirigirse al Palacio Nacional, sede del poder ejecutivo. Cuando lo vieron llegar, los soldados que custodiaban el Palacio abrieron fuego y Reyes cayó muerto a sus puertas de un tiro en la frente. Del otro lado, el general a cargo de la defensa también resultó herido y debió ser trasladado.

Félix Díaz y Mondragón marcharon hacia el edificio de la Ciudadela, una vieja guarnición militar en la que pudieron establecer su cuartel. El general al mando de la columna oficial fue reemplazado por Victoriano Huerta. Este último, tenía rodeado el edificio y contaba con la fuerza suficiente para recuperarlo. Sin embargo, entró en negociaciones con los sublevados. Huerta inició conversaciones con Félix Díaz, para ello apeló al embajador norteamericano Henry Lane Wilson para que sirviera de mediador. El 18 de febrero de 1913 ambos firmaron un pacto por el que destituían a Madero, nombraban a Huerta presidente interino y establecían la candidatura de Félix Díaz para las próximas elecciones. Esta fue la llamada «decena trágica» que puso fin al gobierno de Francisco Madero e inauguró una nueva etapa de luchas en la Revolución.

El gobierno de Estados Unidos había mirado con agrado la revuelta maderista. La razón principal había sido el rechazo a las políticas pro-británicas del último período de Díaz. Pero al quedar expuesta la incapacidad de Madero para controlar la revuelta —que a esa altura se había extendido a toda la nación—, el gobierno yanqui terminó por apoyar a Huerta con la ilusión de que la mano dura del general devolvería el orden al país vecino y garantizaría la estabilidad de sus negocios en territorio mexicano.

El presidente y el vicepresidente fueron detenidos por el 29 batallón al mando del general Aureliano Blanquet, el mismo que había sido felicitado por Madero tras la matanza en Puebla. El 22 de febrero de 1913 Francisco Madero y José Pino Suárez fueron asesinados.

Zapata
en el sur

Emiliano Zapata

Emiliano Zapata fue el líder indiscutible de los campesinos mexicanos. Nació el 8 de agosto de 1879 en Anenecuilco, municipio de Ayala, estado de Morelos. Si bien su familia era humilde tenía un poco de tierra y ganado. A los 16 años, luego de la muerte de sus padres, Emiliano dio muestras de sus primeros signos de rebeldía. Envuelto en algunos problemas con la policía se vio obligado a refugiarse durante un tiempo en el monte. En la ruda vida del campo tener problemas con las fuerzas del orden no resultaba difícil. La indisciplina y la desobediencia con la autoridad expresaban muchas veces un acto de dignidad que sembraba una importante simpatía entre los lugareños.

Una vez que heredó parte de las tierras de su padre se dedicó a trabajarlas con esfuerzo. Era un gran conocedor de caballos y manejaba perfectamente el oficio de domador. Cuentan en Anenecuilco que cuando tenía nueve años de edad encontró a su padre triste y sin consuelo porque una hacienda del lugar había arrebatado al pueblo una parte de sus tierras. La imagen de su padre derrotado frente a la injusticia que la fuerza de los poderosos imponía, impulsó a Emiliano a jurar que cuando fuera grande recuperaría las tierras perdidas. No se sabe si esta leyenda verdaderamente ocurrió, pero lo cierto es que Emiliano luchó hasta el final de su vida para que las tierras usurpadas por las haciendas fueran devueltas a los pueblos.

El problema de la tierra

La lucha emprendida por los campesinos fue una lucha contra toda forma de opresión e injusticia. Pero fue la esperanza de recuperar sus tierras lo que les dio la fuerza y la base de legitimidad suficiente para que sin programa ni horizonte decidieran empuñar las armas.

En México existía una larga tradición de organización comunal. El campesinado contaba desde hacía siglos con los pueblos libres, tierras comunales llamadas ejidos. En ellas desarrollaban formas de organización propias en las que compartían de manera solidaria los frutos de su trabajo. Para los campesinos fue cada vez más difícil sostener esta experiencia frente al avance capitalista y sus devoradoras haciendas.

El conflicto entre los pueblos y las haciendas se extendía a lo ancho y a lo largo del suelo mexicano. Lo que entraba en crisis era el modelo de sociedad autoritaria y opresora que el porfiriato había establecido tras el fracaso de la revolución liberal y que la modernización económica ponía en contradicción. Sin embargo, fue el encuentro de la tradición comunal y la organización colectiva y cooperativa con una ideología revolucionaria lo que permitió que la resistencia de los pueblos por defender su forma de vida desembocara en un estallido revolucionario.

Al igual que otros pueblos, el de Anenecuilco tenía una larga historia de resistencia contra la autoridad central y el poder local. Una de las formas en que se manifestaba esta resistencia era la de mantener con vida las viejas tradiciones. Entre estas costumbres había una de particular importancia: el cuidado de los títulos de propiedad de las tierras comunales que no solo eran prueba de sus derechos sobre ellas; sino que también funcionaban como guardianes de una identidad común transmitida ancestralmente.

El pueblo de Anenecuilco tenía setecientos años de historia y con sus propias autoridades habían defendido su derecho a los recursos locales frente a las haciendas azucareras que se apoderaban de sus tierras y aguas. Para el año 1909 el pueblo se encontraba en crisis. El nuevo gobernador del estado respondía directamente a los hacendados y ejercía una presión cada vez mayor sobre los pueblos. El Consejo regente de Anenecuilco estaba conformado por cuatro valientes ancianos que comprendieron la necesidad de renovar sus fuerzas por lo que convocaron a elecciones.

El 12 de septiembre se reunieron en una Asamblea clandestina para elegir a sus nuevas autoridades. Necesitaban de sangre joven que pudiera encabezar las luchas por delante y fue por ello que no sorprendió la elección de Emiliano Zapata como nuevo presidente del Consejo Comunal. Esta nueva responsabilidad transformó a Emiliano en el depositario de los títulos de Anenecuilco. El cuidado de los papeles no era una tarea menor pues estos habían sido entregados de generación en generación desde la época colonial. Los títulos en idioma náhuatl daban testimonio de sus siete siglos de existencia. Estos documentos simbolizaban la fuerza de sus antepasados y eran el tesoro más cuidadosamente conservado a través de los años.

Emiliano recibió los sagrados documentos de la mano de su tío para que los tuviera en custodia. Cuando llegó el momento de hacer la Revolución los guardó en una caja que enterró en el piso de una iglesia.

Miliano, como lo llamaban los campesinos, llegó a ser uno de los principales jefes de la Revolución no por ser el hijo de un gran hacendado o pertenecer al círculo de las familias ricas de México, sino por ser un hijo del campo. Su nombre creció al calor de la lucha por la defensa de los pueblos libres y la historia comenzó en su propio pueblo.

La Hacienda del Hospital había usurpado unas tierras pertenecientes a Anenecuilco y las había dado en arriendo a peones de Villa de Ayala. El reclamo de los campesinos no se hizo esperar y escribieron de inmediato al gobernador para que mediara en el conflicto. Pero como solía ocurrir el gobernador jamás dio una respuesta y permitió que la hacienda usufructuara las tierras ocupadas.

Cansados de las manipulaciones e injusticias, los pobladores decidieron resolver el tema por sus propios medios y, representados por Emiliano Zapata y unos ochenta hombres más, se presentaron a desalojar a los trabajadores de Villa de Ayala tras explicarles que el asunto no era con ellos. Una vez que Anenecuilco recuperó sus tierras por la fuerza llevó adelante un reclamo formal ante las autoridades del gobierno quienes terminaron por reconocer su derecho sobre ellas.

Esta victoria popular sentó un precedente. La figura de Zapata trascendió las fronteras de Morelos y su persona comenzó a ser convocada por otros pueblos para resolver conflictos similares.

Zapata y Madero

Zapata junto a otros jefes locales no estaban ajenos al clima de agitación política que vivía el país hacia finales de la década. En Villa de Ayala partidarios de Madero se reunían para conspirar contra la dictadura de Díaz. Las reuniones estaban lideradas por Pablo Torres Burgos y contaban también con la participación de Emiliano. Llegado el momento decidieron sumarse al llamado de Madero y encomendaron a Torres Burgos viajar hasta Texas para encontrarse con don Francisco y solicitarle directivas de cara a la insurrección convocada en el Plan de San Luis.

En la víspera del día indicado para la revuelta fue descubierto el centro de la insurrección maderista en el sur. La caída de Aquiles Serdán en Puebla dejaba descabezado al movimiento en la región.

En el mes de marzo de 1911 Torres Burgos regresó a Villa de Ayala y trajo consigo los papeles firmados por Madero que lo designaban su representante en el sur junto a las instrucciones de organizar los preparativos del levantamiento en su zona.

Zapata y Torres Burgos se reunieron en Cuautla el 10 de marzo para ultimar los detalles. La cosa no tardó demasiado y al día siguiente tomaron Villa de Ayala. Torres Burgos leyó ante el pueblo reunido en Asamblea el Plan San Luis. En medio del alboroto se escuchó una consigna que expresó el sentir y pensar de los hombres y mujeres del campo: «Abajo las haciendas, vivan los pueblos», pronunciada por el maestro rural Otilio Montaño.

Los hombres y mujeres que se sumaban a la revuelta esperaban algo más que un cambio de personajes en la escena gubernamental y con la armas en la mano buscarían transformar las bases mismas del poder. El sur se lanzaba a la Revolución y llevaría adelante uno de los sueños más hermosos que el pueblo mexicano tiene guardado en su memoria.

Nacen los zapatistas

Luego de las primeras acciones, Torres Burgos fue sorprendido por el ejército federal y fusilado junto a sus hijos. El asesinato de Torres Burgos dejaba nuevamente acéfalo al movimiento, esto llevó a que Zapata fuera nombrado Jefe Supremo del Movimiento Revolucionario del Sur. El liderazgo de Zapata permitió que los campesinos adquirieran independencia de Madero y de la dirección burguesa; por tanto el sur se organizó de manera autónoma desde el inicio de la Revolución. Esta dirección propia fue una de sus mayores fortalezas y resultó clave para no terminar arrastrados por los intereses de la burguesía liberal.

El 29 de marzo de 1911 atravesaron la entrada de la Hacienda de Chinameca echando una locomotora sobre sus portones. Una vez allí dentro se apoderaron de los rifles, del parque y los caballos que encontraron.

Mientras la insurrección se extendía por el país, el 20 de mayo Zapata y sus hombres tomaron por asalto la plaza de Cuautla tras vencer al famoso 5to. regimiento federal que se encontraba apostado en dicha ciudad. Los federales decidieron abandonar la capital del estado sin oponer resistencia. Era la primera victoria importante de los zapatistas y los fortaleció no solo en el plano militar sino también moral.

El sur ardía, la Revolución avanzaba y el ala burguesa, temerosa de que el conflicto se tornara incontrolable intentó negociar con Porfirio Díaz. Luego de que Orozco y Villa tomaran Ciudad Juárez en el norte y días después de que Zapata avanzara sobre Cuautla, Madero firmó los acuerdos de Ciudad Juárez. En la medida que el tratado no hacía referencia al problema de la tierra y solo disponía el licenciamiento de las tropas revolucionarias, los campesinos comprendieron cuál era el verdadero interés de Madero y sus seguidores.

Durante los preparativos de las elecciones, el presidente interino León de la Barra intentó iniciar el desarme de los ejércitos rebeldes. En este sentido, Madero se convirtió en un intermediario dispuesto a convencer a Zapata de licenciar a sus hombres. Madero no quería reprimir a sangre y fuego pues sabía que esto llevaría a encender aún más la llama revolucionaria. Por su parte, los zapatistas eran conscientes de que entregar las armas significaba perder el único poder que tenían para exigir el cumplimiento del reparto de tierras en caso que fuera necesario. Y no se equivocaron, pronto necesitarán de sus fusiles nuevamente.

El sur era la única zona que aún se encontraba en pie de lucha y para septiembre de 1911 el estado completo estaba en armas. Zapata que siempre mantuvo su lealtad para con Madero estaba dispuesto a colaborar y —con ciertas garantías— avanzar sobre un acuerdo. Pero el gobierno de León de la Barra no tenía intenciones de negociar absolutamente nada con los zapatistas, muy por el contrario su objetivo era hacer que los rebeldes desaparecieran de la escena política. Para ello envió tropas federales al mando del general Huerta.

En el mes de octubre, Madero alcanzó la presidencia y demostró que su principal preocupación pasaba por lograr la democratización de las instituciones y el régimen político, pero no por solucionar los problemas sociales que habían originado el alzamiento popular.

El 12 de junio de 1912, Madero llegó a Morelos aceptando una invitación del jefe revolucionario del sur. Sin embargo, los hacendados maniobraron para acercarse al presidente y transmitirle sus demandas, principalmente exigirle el desarme del ejército zapatista.

Por su parte, Zapata se entrevistó en Cuernavaca con los dirigentes que habían redactado el Plan Político Social, entre los que se encontraban los hermanos Giraldo y Rodolfo Magaña.

La unidad entre Madero y los campesinos pronto llegaría su fin. Los sureños no estaban dispuestos a abandonar sus reclamos por el reparto de tierras. La burguesía solo deseaba recomponer el orden social y establecer un modelo de país que le permitiera seguir ensanchando su base de ganancia. No consideraban la posibilidad de que la estructura de la propiedad de la tierra pudiera modificarse y por lo tanto el conflicto no tardó en recrudecerse.

Quien había sido jefe de la Revolución cuando fue presidente de la nación se convirtió en el portavoz de los sectores burgueses. Zapata fue a entrevistarlo a la Ciudad de México para exigirle el cumplimiento de las promesas del Plan de San Luis y la restitución de las tierras usurpadas por las haciendas. Según cuenta John Womack Jr. en su libro *Zapata y la Revolución mexicana*, Zapata escuchó atentamente a Madero que le pedía paciencia, hasta que se levantó, rifle en mano, se acercó a donde estaba sentado, y apuntando a la cadena de oro que Madero exhibía en su chaleco, le dijo:

Mire, señor Madero —dijo—, si yo aprovechándome de que estoy armado le quito su reloj y me lo guardo, y andando el tiempo nos llegamos a encontrar, los dos armados con igual fuerza, ¿tendría derecho a exigirme su devolución? Sin duda, le dijo Madero; le pediré inclusive una indemnización. Pues es, justamente —terminó diciendo Zapata— eso lo que nos ha pasado en el estado de Morelos, en donde unos cuantos hacendados se han apoderado por la fuerza de las tierras de los pueblos. Mis soldados (los campesinos armados y los pueblos todos) me exigen diga a usted, con todo respeto, que desean se proceda desde luego a la restitución de sus tierras.

Madero traicionó a quienes lucharon por el Plan de San Luis y su Artículo 3. Fueron ellos quienes lo habían catapultado a la presidencia, pues sin el apoyo campesino Madero no hubiera conseguido desestabilizar el régimen a Díaz.

El Ejército Libertador del Sur

La construcción de un ejército propio fue la respuesta más justa y apropiada que dieron los campesinos y trabajadores rurales para enfrentar el avance de las haciendas sobre los pueblos, la usurpación de sus tierras, los abusos permanentes de los jefes políticos locales y de las tiendas de raya. El glorioso Ejército Libertador del Sur reflejó la decisión popular más consciente de luchar para terminar con la miseria y la opresión que pesaban sobre sus hombros.

Habían empuñado las armas para conquistar sus derechos. Y cuando Francisco Madero defeccionó ante la burguesía porfiriana y firmó los acuerdos de Ciudad Juárez, el Ejército Libertador del Sur decidió continuar la lucha. A pesar de todas las dificultades que se les presentaron en el camino, contaron con una dirección firme que les permitió avanzar con independencia de los intereses burgueses, sostener sus reivindicaciones y exigir su cumplimiento.

El ejército zapatista se organizó en una guerrilla basada en milicias territoriales. Era prácticamente un pueblo en armas. Aunque no participaran del enfrentamiento directo, los campesinos entendían que todos formaban parte de la misma lucha. Las poblaciones colaboraban de diversas formas con los rebeldes y su apoyo fue fundamental. Desempeñaron un importante papel en el abastecimiento de víveres a los guerrilleros mientras saboteaban a las tropas federales negándose a entregarles provisiones. Participaban también de las emboscadas, brindaban información clave, lo que explica el nivel de éxito que los zapatistas tuvieron en el espionaje que les permitió realizar ataques por sorpresa y en contrapartida jamás ser sorprendidos. Cualquier campesino de Morelos podía ser un espía zapatista.

Cuando las condiciones no estaban a su favor, los guerrilleros zapatistas no presentaban batalla. Se ocultaban en las montañas o bien escondían sus rifles y se disponían a trabajar tranquilamente la tierra. Al llegar, el ejército federal solo encontraba pacíficos campesinos arando sus campos. Pero cuando las circunstancias cambiaban a su favor, los rebeldes se reorganizaban de manera extraordinariamente rápida para aparecer donde menos los esperaban, lo que hacía sentir a los federales estar combatiendo contra un fantasma. Esta modalidad de lucha y organización permitió sostener la guerra durante nueve años y evitar ser aniquilados, aun cuando el enemigo fuera superior en número y armas.

El gobierno aplicó las estrategias de represión más salvajes contra los zapatistas. El propio Madero envió al general Juvencio Robles, un asesino que había participado de la guerra contra los pueblos indígenas en la frontera del norte y había conocido allí los métodos del terror. Robles puso en práctica en Morelos la táctica que utilizan los ejércitos regulares contra las guerrillas populares: la tortura, los fusilamientos, las masacres, la quema de pueblos enteros, el desalojo de aldeas y el envío de sus habitantes a campos de concentración. De esta manera, el general conseguía aterrorizar las poblaciones y evitaba que los campesinos colaboraran con el Ejército Libertador y alojaran y abastecieran a los rebeldes que estaban ocultos en la montaña.

Esta persecución salvaje fue puesta en práctica en casi todos los poblados del sur. Sin embargo, lejos de detener la rebelión, su efecto fue el contrario. Muchos trabajadores que escapaban a los incendios de sus casas se sumaron a las cuadrillas guerrilleras y engrosaron las filas zapatistas.

Los campesinos insurgentes sufrieron en forma permanente la escasez de armas y municiones lo que limitó duramente su accionar. Se financiaban con los robos a los federales, a la policía y lo que lograban obtener en el mercado negro, pero esto nunca resultó suficiente. Aunque lograran tomar las ciudades, no podían mantenerlas en su poder. Los federales pronto las recuperaban ya que contaban con mayores recursos. Su fuerza estaba restringida al campo pues no conseguían controlar las ciudades.

Los grandes medios de prensa, erigidos en portavoces de la burguesía, atacaron de manera permanente a las milicias zapatistas. Acusaban a sus hombres de bandoleros y ladrones. Sus crónicas no cesaban de inventar historias sobre los desmanes, robos y abusos. Su papel fue el de complementar en el plano cultural la tarea de atemorizar a la población.

Los zapatistas eran conscientes de esta situación y así lo expresó Emiliano en una carta enviada el 6 de diciembre de 1911 a Giraldo Magaña, en la cual le daba a conocer el Plan de Ayala: «Nada nos importa que la prensa mercenaria nos llame bandidos y nos colme de oprobios; igual pasó con Madero cuando se le creyó revolucionario; pero apenas se puso al lado de los poderosos y al servicio de sus intereses, han dejado de llamarle bandido para elogiarlo».

Esa misma prensa que intentaba desprestigiar a las fuerzas zapatistas, curiosamente olvidaba denunciar las atrocidades que las tropas federales cometían a su paso. Nada decían sobre las torturas, las ejecuciones y los incendios.

El Ejército Libertador del Sur demostró una importante preocupación por la conducta moral de sus soldados. Una guerra sin duda es sangrienta y no faltan quienes aprovechan esta situación en beneficio propio, pero de ninguna manera puede decirse que el atropello fue un comportamiento deliberado de las tropas zapatistas. En el mismo Plan de San Luis, que sirvió de base a todos los planes que lo sucedieron, y en diversos comunicados firmados por el propio Zapata y otros jefes de su cuartel general, figuraron disposiciones relativas a estas cuestiones, así como al trato de los prisioneros.

En el Plan de San Luis una de las cláusulas apunta lo siguiente:

B.– Todos los jefes, tanto civiles como militares, harán guardar a sus tropas la más estricta disciplina; pues ellos serán responsables ante el Gobierno Provisional de los desmanes que cometan las fuerzas a su mando, salvo que justifiquen no haberles sido posible contener a sus soldados y haber impuesto a los culpables el castigo merecido. Las penas más severas serán aplicadas a los soldados que saqueen alguna población o que maten a prisioneros indefensos.

Sobre algunos abusos cometidos por individuos de mala conducta Genovevo de la O dio a conocer el siguiente comunicado:

Ejército Libertador, División de la O., Cuartel General: Ha tenido conocimiento este Cuartel General de algunos abusos cometidos por individuos de mala conducta, que dicen pertenecer a esta División y como el jefe de ella no autoriza esos abusos que desprestigian a toda la corporación, se hace del conocimiento del público que el propio jefe está dispuesto a castigar severamente cualquier falta que se cometa en su nombre y por lo tanto deben denunciárselas. Así mismo se ordena a los jefes, oficiales y soldados que pertenecen a esta División; desplieguen el celo posible por evitar esos males, teniendo en cuenta que hemos empuñado las armas para dar garantías a nuestro pueblo y para convertir en realidad las bellas promesas del Plan de Ayala, y se les exhorta para que estrechen los vínculos de unión y fraternidad con todos los compañeros de armas, teniendo en cuenta que cada soldado del Ejército Libertador es un hermano que como nosotros lucha por los mismos ideales, con nosotros persigue los mismos grandiosos principios. Reforma, Libertad, Justicia y Ley. El General de la División Genovevo de la O. Cuernavaca, septiembre 3 de 1915.

El Plan de Ayala

Hasta vencer o morir.

El Plan de Ayala fue redactado por Emiliano Zapata y Otilio E. Montaño, un maestro de escuela que estará junto a Emiliano durante los largos años de lucha revolucionaria. Fue firmado el 28 de noviembre de 1911 por siete generales, diecisiete coroneles, treinta y cuatro capitanes y un teniente del ejército zapatista, constituidos en Junta Revolucionaria del Estado de Morelos.

El Plan de Ayala expresó los principales motivos y objetivos de la insurrección campesina del sur. En primer lugar, manifestó la voluntad de derrocar al poder dictatorial; en segundo término, el desconocimiento de Madero como jefe de la Revolución y como presidente de los mexicanos; tercero, el reconocimiento de Pascual Orozco como jefe de la Revolución libertadora o, en caso de que este no aceptara, al general Emiliano Zapata; cuarto, enunció que el nuevo Plan hacía suyos todos los puntos expuestos en el Plan de San Luis y además agregaba otros a favor de los oprimidos; quinto, proponía la realización de expropiaciones y nacionalizaciones de las tierras que conformaban los latifundios para repartirlas entre los campesinos; sexto, exponía que una vez alcanzado el triunfo debía llamarse a elecciones nacionales y en los estados, y por último, convocaba a todos sus seguidores a sostener los principios del Plan con las armas en la mano.

El Plan de Ayala fue la bandera que alzaron los desposeídos de México durante casi una década de lucha por conseguir la restitución de sus tierras. Pero dicho plan significó mucho más que el problema agrario.

A diferencia de otras experiencias y planes que existieron en la historia mexicana, el Plan de Ayala tuvo una cualidad particular. Más precisamente, proponía una serie de procedimientos por medio de los cuales debían aplicarse los principios revolucionarios y, fundamentalmente, establecía que a medida que se obtuvieran victorias sobre el enemigo debía comenzarse el reparto de la tierra. Este fue una verdadera propuesta revolucionaria basada en la idea de que el reparto no debía ser postergado hasta la hora del triunfo. Sostenía también la necesidad de la nacionalización y expropiación de los latifundios, planteo que manifestaba en los hechos la disposición del zapatismo a traspasar los marcos de la legalidad burguesa, pues entendían que no era la estructura política y jurídica la que garantizaría sus derechos; sino la firme decisión de defenderlos con las armas. Otra diferencia fundamental fue que según el Plan de Ayala debían tomarse como válidos los títulos de los pueblos y serían las haciendas las que tendrían que recurrir a los tribunales revolucionarios.

Una de las limitaciones más importantes del plan fue que establecía una dualidad de poderes territorial, pero no planteaba otro poder de Estado. No tenía una perspectiva nacional, lo que reducía considerablemente su alcance. Basado en su fuerza territorial, solo alcanzaba los estrechos límites del estado de Morelos. Sin embargo, es importante destacar que en su experiencia local los zapatistas tomaron medidas de gobierno en la esfera de la educación, la sanidad, las comunicaciones, y hasta acuñaron su propia moneda, los pesos zapatistas.

En la ya citada carta de Emiliano Zapata a Giraldo Magaña, fechada el 6 de diciembre de 1911, el jefe sureño explica las razones que llevaron al campesinado a continuar la lucha contra el nuevo gobierno y bajo un nuevo plan. Transcribimos algunos fragmentos:

Estimado amigo: Tengo el gusto de enviarle, adjunto a la presente, el Plan de la Villa de Ayala que nos servirá de bandera en la lucha contra el nuevo dictador Madero. Por lo tanto, suspenda usted ya toda gestión con el maderismo y procure que se imprima dicho importante documento y darlo a conocer a todo el mundo.

Por su lectura verá usted que mis hombres y yo, estamos dispuestos a continuar la obra que Madero castró en Ciudad Juárez y que no transaremos con nada ni con nadie, sino hasta ver consolidada la obra de la revolución que es nuestro más ferviente anhelo. [...]

Fuimos prudentes hasta lo increíble. Se nos pidió primero que licenciáramos nuestras tropas y así lo hicimos. Después dizque de triunfante la revolución, el hipócrita de De la Barra, manejado por los hacendados caciques de este Estado, mandó al asesino Blanquet y al falso Huerta, con el pretexto de mantener el orden en el Estado, cometiendo actos que la misma opinión pública reprobó protestando en la ciudad de México, por medio de una imponente manifestación que llegó hasta la mansión del Presidente más maquiavélico que ha tenido la Nación; y al mismo Madero le consta la traición que se pretendió hacernos estando él en Cuautla y cuando ya se había principiado el licenciamiento de las fuerzas que aún nos quedaban armadas, acto que tuvimos que suspender precisamente por la conducta de Huerta al intentar atraparnos como se atrapa a un ratón. [...]

Si no hay honradez, ni sinceridad, ni el firme propósito de cumplir con las promesas de la revolución, si teniendo aún algunos hombres armados que a nadie perjudicaban se pretendió asesinarme, tratando de acabar por este medio con el grupo que ha tenido la osadía de pedir que se devuelvan las tierras que les han sido usurpadas, si las cárceles de la República están atestadas de revolucionarios dignos y viriles porque han tenido el gesto de hombres de protestar por la claudicación de Madero, ¿cómo voy a tener fe en sus promesas?

Yo, como no soy político, no entiendo de esos triunfos a medias; de esos triunfos en que los derrotados son los que ganan; de esos triunfos en que, como en mi caso, se me ofrece, se me exige, dizque después de triunfante la revolución, salga no solo de mi Estado, sino también de mi Patria.... Yo estoy resuelto a luchar contra todo y contra todos sin más baluarte que la confianza, el cariño y el apoyo de mi pueblo.

Así hágalo saber a todos; y a don Gustavo dígale, en contestación a lo que de mí opinó, que a Emiliano Zapata no se le compra con oro. A los compañeros que están presos, víctimas de la ingratitud de Madero, dígales que no tengan cuidado, que todavía aquí hay hombres que tienen vergüenza y que no pierdo la esperanza de ir a ponerlos en libertad. [...]

Espero sus prontas nuevas y me repito su Afmo. amigo que lo aprecia.

Emiliano Zapata

La Revolución avanza en el sur

La Revolución florecía por el campo mexicano y los olvidados de siempre veían plasmado en ella su tan postergado sueño de una vida mejor. A su paso las tropas revolucionarias subvertían el orden de cosas. Y a la impunidad de las haciendas oponían el derecho legítimo de los pueblos a la tierra.

El espíritu revolucionario renovaba la confianza de los pueblos que se lanzaban al reclamo contra las haciendas. Para ello recurrían al ejército revolucionario y dirigían comunicaciones a los jefes zapatistas para enterarlos de sus conflictos. Se conservan hoy muchos documentos que testimonian la solicitud de intervención de los rebeldes en las disputas por la tierra. Por ejemplo, hay una carta destinada a Genovevo de la O, fechada el 18 de octubre de 1912, y firmada por familias del pueblo de San Martín, Malinalco, en la que se solicita a las fuerzas libertadoras que apliquen el derecho revolucionario sobre las haciendas. Otra del mismo tenor está fechada el 21 de noviembre del mismo año y firmada por vecinos del pueblo de Tecomatlán. Y así, a medida que la Revolución avanzaba se iban aplicando los derechos relegados.

Durante el año 1912, la Revolución se extendió hacia otros estados como Puebla, Guerrero, Tlaxcala y Ciudad de México. En cada lugar se procuraba poner en práctica los principios revolucionarios. El cuartel general solicitaba a los jefes de otras zonas que informaran sobre la cantidad de haciendas, su ubicación y el nombre de sus propietarios a fin de que se estableciera la contribución de guerra que debían pagar.

Los zapatistas lucharon contra Madero hasta el final. Lo mismo hicieron contra el gobierno de Huerta. Y pese a los intentos permanentes de negociación, soborno y traición, Zapata y sus seguidores se mantuvieron firmes en sus principios y objetivos: no abandonar las armas hasta que el Plan de Ayala fuera una realidad concreta para la nación entera.

Villa
en el norte

El norte también despierta

Las tropas de Pascual Orozco y Francisco Villa habían asestado el golpe definitivo contra el poder Díaz. Luego de la toma de Ciudad Juárez, Madero tuvo liberado el camino a la presidencia. Sin embargo, tras el triunfo electoral, Madero no implementó las medidas de carácter social que los campesinos esperaban. Lógicamente, su actitud produjo descontento entre las tropas revolucionarias. La traición de Madero llevará a los rebeldes del norte a emprender nuevamente la lucha contra el poder central.

Pero los conservadores adelantaron su jugada y asesinaron a Madero y su vicepresidente el 19 de febrero de 1913. El general Huerta ocupó la presidencia de la nación e informó de ello a todos los gobernadores de los estados, quienes reconocieron su autoridad, con excepción, primero de Venustiano Carranza (1859-1920) —gobernador Coahuila—, y luego del gobernador de Sonora. El golpe de Huerta profundizó la división en dos bandos. Por un lado, estaba el dictador que contaba con el apoyo de los banqueros, el clero, los grandes industriales, los comerciantes y el ejército federal. Por el otro, se encontraban los campesinos unificados del sur y organizados bajo la propuesta del Plan de Ayala, sectores de la pequeño-burguesía —que habían apoyado a Madero en la búsqueda de una salida democrática a la dictadura de Díaz— y una parte de la burguesía, políticos y hacendados del norte, que también habían apoyado a Madero y de los cuales Venustiano Carranza era un fiel representante.

En las ciudades, los obreros rechazaron públicamente al gobierno recién establecido. Desde la Casa del Obrero Mundial expresaron su descontento, tanto en los actos organizados en fechas conmemorativas como los del 1ro. de mayo de 1913 —Día del Trabajo— o como en el mitin que explotó en el monumento a Benito Juárez, el 25 de mayo, mientras los oradores pronunciaban encendidos discursos.

Huerta mandó a encarcelar a todos los gobernadores maderistas y ordenó que fueran reemplazados por personajes leales a su fuerza. La embestida contra la oposición abarcó asesinatos de generales maderistas, diputados, senadores y gobernadores, como fue el caso del ex gobernador de Chihuahua, Abraham González.

Pero Huerta sabía que el desafío para lograr la estabilización del país era calmar los ánimos en el campo. Por ello, una de sus principales estrategias fue la de cooptar a sus dirigentes. En primer lugar, intentó seducir a Pascual Orozco y a Emiliano Zapata. El primero de ellos cayó en la trampa atraído por las vanas promesas del nuevo presidente y terminó doblegado a su poder, tras olvidar todas las reivindicaciones que lo habían llevado a luchar contra Madero. Distinta fue la decisión de Emiliano Zapata, quien se mantuvo firme en sus principios revolucionarios y rechazó cualquier oferta del gobierno usurpador, a tal punto que mandó a fusilar a sus emisarios entre los que se encontraba el padre del propio Orozco.

En mayo de 1913, los zapatistas reformaron el Plan de Ayala. Expresaron que no reconocían al gobierno de Huerta y reemplazaron el nombre de Orozco como jefe de la Revolución por el de Emiliano Zapata. El 10 de junio, lanzaron un nuevo manifiesto convocando a continuar la lucha:

El actual Gobierno con sus injusticias y sus tropelías día a día provoca nuevos disturbios y hace menos posible su estabilidad: con el servicio militar forzoso últimamente decretado, con los frecuentes asesinatos en masa verificados en las prisiones so pretexto de evasión, con los envenenamientos inesperados de ciudadanos desafectos a la Administración, con la supresión de la prensa libre, con los incendios de las poblaciones de indígenas, con la imposición de gobernadores militares en los Estados, con la disolución de las legislaturas locales y en fin, con todos los actos altamente criminales inherentes a una dictadura militar, la más oprobiosa, la más tiránica, la más absurda, la más antipatriótica, la más inhumana y por lo mismo la más débil que ha tenido México, se han sublevado las conciencias de los hombres honrados, aún de los más pacíficos porque han comprendido que uno de sus deberes más grandes es el de no tolerar por más tiempo la injusticia que caracteriza al actual Gobierno y que tanto viene comprometiendo los intereses generales de la Patria.

El Plan de Guadalupe

Venustiano Carranza consiguió que la Legislatura de su estado emitiera dos decretos. Uno de ellos desconocía a Huerta como presidente de México y, el otro, ordenaba prestar al gobernador todo el apoyo necesario para que emprendiera una campaña con el fin de restablecer el imperio de la ley en toda la nación.

El 26 de marzo, los denominados constitucionalistas, en ese momento firmaron el Plan de Guadalupe y su Manifiesto a la Nación. El plan no contemplaba grandes cuestiones sociales, como el problema de la tierra, sino que su convocatoria se limitaba a reclamar el restablecimiento de la legalidad en el país. Bajo ese lema esperaban aglutinar un amplio conjunto de sectores.

El plan desconocía a Huerta como presidente, a los poderes legislativo y judicial de la Federación, a las administraciones de los estados que respondían al gobierno de facto y nombraba a Venustiano Carranza como Primer Jefe del Ejército Constitucionalista. Asimismo, establecía que una vez llegados a la capital, Carranza asumiría interinamente el mando de la nación y convocaría a elecciones generales.

Pronto se alistaron a conformar el Ejército Constitucionalista convocando a la insurrección armada contra Huerta. Para el mes de abril lograron tomar la población fronteriza de Piedras Negras.

Durante los meses de mayo a octubre de 1913, el ejército federal y el constitucionalista se enfrentaron en innumerables batallas. Las contiendas más importantes fueron libradas por el campesino de Chihuahua, Pancho Villa. Al mando de unos cuantos hombres triunfó el 29 de mayo en la población de Saucillo y destruyó por completo las fuerzas federales.

El 4 de junio, el general Lucio Blanco se enfrentó a los federales en el estado de Tamaulipas y luego de varias batallas pudo obtener el control de la población de Matamoros. Entre mayo y septiembre, Villa y el sonorense Álvaro Obregón (1880-1928) obtuvieron victorias en Chihuahua y Sonora. En Nuevo León luchaba Pablo González y otros jefes hacían lo mismo en Coahuila y Zacatecas.

Las principales batallas fueron afrontadas en las líneas de acción que cubrían Villa por el centro y Obregón por el oeste. Ambos utilizaron las vías férreas construidas para la exportación de materias primas a Estados Unidos, pero que ahora servían de apoyo y movilidad a los revolucionarios en su avance hacia el centro del país.

Francisco Villa y Álvaro Obregón fueron los generales más destacados del Ejército Constitucionalista. Ninguno de ellos era militar de carrera. Sin embargo, a pesar de su escasa formación militar obtuvieron importantes victorias frente a generales que contaban con estudios superiores en las grandes academias de Francia y Alemania.

El constitucionalismo permitió que la Revolución retomara su fuerza y empuje inicial. Pero una vez más —tal como había ocurrido con la convocatoria maderista de 1911— la lucha trascendía el objetivo por restablecer el orden constitucional, pues el verdadero motor de la Revolución Mexicana seguía siendo la lucha por la tierra.

El general constitucionalista Lucio Blanco y el mayor Francisco Múgica tomaron el control de la población de Matamoros el día 30 de agosto de 1913. Ambos pertenecían a una fracción radicalizada de la pequeño-burguesía. Una vez que obtuvieron el control del poder local decidieron distribuir las tierras de la hacienda Los Borregos. Durante el acto Francisco Múgica pronunció un apasionado discurso contra los terratenientes. Pero a Carranza no le agradó esta actitud pues era partidario de la idea de que cualquier reforma social debía esperar hasta después del triunfo. El comportamiento y las ideas de Múgica y Blanco resultaban para Carranza demasiado comprometidos por lo que ordenó su traslado a Hermosillo con otra misión. Lo imperdonable para Carranza había sido que la acción agrarista de Matamoros era una muestra de que el reparto de tierras podía hacerse a medida que la Revolución avanzaba y que no era necesario esperar a controlar el poder central, pese a que ello fuera condición necesaria para que cualquier reforma pudiera sostenerse en el tiempo.

En el mes de julio, los constitucionalistas intentaron tomar la ciudad de Torreón pero no lo consiguieron. El 20 de septiembre, Carranza llegó a Hermosillo y allí nombró el primer gabinete de gobierno. El Ejército Constitucionalista quedaría compuesto por dos alas, el Ejército del Noreste al mando del general Pablo González y el Ejército del Noroeste al mando del general Álvaro Obregón. Bajo las órdenes de este último quedaría la famosa División del Norte comandada por Pancho Villa luego de su formación el día 29 de septiembre.

El 1ro. de octubre de 1913, la División del Norte logró tomar la ciudad de Torreón —importante nudo ferroviario— y puso en jaque a las fuerzas federales de Huerta. El día 10 de octubre, el presidente de facto acorralado decidió disolver las Cámaras Federales.

El 20 de octubre, Emiliano Zapata lanzó un nuevo Manifiesto a la Nación. En él ratificaba los principios del Plan de Ayala y convocaba al pueblo mexicano a sumarse a la lucha contra los tiranos y los privilegios de unos pocos. Algunos fragmentos exponen:

> [...] Puede haber elecciones cuantas veces se quiera; pueden asaltar, como Huerta, otros hombres la silla presidencial, valiéndose de la fuerza armada o de la farsa electoral, y el pueblo mexicano puede también tener la seguridad de que no arriaremos nuestra bandera ni cejaremos un instante en la lucha, hasta que, victoriosos, podamos garantizar con nuestra propia cabeza el advenimiento de una era de paz que tenga por base la justicia y como consecuencia la libertad económica [...]. Téngase, pues, presente, que no buscamos el derrocamiento del actual gobierno para asaltar los puestos públicos y saquear los tesoros nacionales, como ha venido sucediendo con los impostores que logran encumbrar a las primeras magistraturas; sépase, de una vez por todas, que no luchamos contra Huerta únicamente, sino contra todos los gobernantes y los conservadores enemigos de la hueste reformista, y sobre todo, recuérdese siempre, que no buscamos honores, que no anhelamos recompensas, que vamos sencillamente a cumplir el compromiso solemne que hemos contraído, dando pan a los desheredados y una patria libre, tranquila y civilizada a las generaciones del porvenir. [...]

El 21 de octubre, Carranza declaró que al triunfo de la Revolución el ejército federal sería disuelto dando muestras de que no cometería el mismo error de Madero.

Luego de la victoria en Torreón, Villa decidió atacar la ciudad de Chihuahua sin éxito. Sin embargo, su tenaz persistencia lo llevó a intentarlo nuevamente. Gracias a su inteligencia, talento, dotes de gran estratega e inigualable organizador logró finalmente tener el control de la plaza. Para el mes de marzo de 1914, la División del Norte tenía bajo su poder el estado de Chihuahua. No obstante, los federales habían logrado recuperar Torreón aunque no por mucho tiempo, pues el 2 de abril Villa conseguirá el triunfo decisivo. A fines del mismo mes, el Ejército del Noroeste al mando de Obregón controlaba casi todo el estado de Sonora y el de Sinaloa. Por otro lado, el Ejército del Noreste al mando de Pablo González controlaba los estados de Nuevo León, Tamaulipas, parte de Coahuila y San Luis Potosí. En el sur, los zapatistas tomaron en el mes de abril la ciudad de Iguala y el día 24 avanzaron sobre Chilpancingo, la capital del estado de Guerrero.

El mapa del poder mostraba el predomino de las fuerzas revolucionarias que ya controlaban casi todo el norte del país, los estados de Morelos y Guerrero, parte de Puebla, Veracruz y San Luis Potosí. La situación del gobierno federal era de extrema debilidad. Este hecho alarmó a Estados Unidos a tal punto que ordenó a su marina ocupar el puerto de Veracruz el día 21 de abril de 1914.

Pancho Villa

Francisco Villa ha sido y es toda una leyenda. Poco se sabe de su vida antes de la Revolución. Infinita cantidad de biografías e historias encierran las más apasionantes aventuras de un hombre que supo conquistar el corazón de su pueblo.

Nació el 5 de junio de 1878, en Durango, en el seno de una familia humilde que trabajaba en una de las pocas grandes haciendas que concentraban la mayor parte de la tierra en México. Cuenta la historia que a la edad de 16 años asesinó a un funcionario para defender el honor de su familia. Con frecuencia los ricos hacendados y caciques locales cometían toda clase de abusos sobre la población humilde que carecía de medios para defenderse.

Fue entonces cuando, perseguido por la ley, Pancho debió refugiarse en la sierra de Durango. Al igual que todos aquellos que habían osado rebelarse contra la autoridad del hacendado y la policía rural, vivió escapando en soledad, hostigado permanentemente y sin poder trabajar. Eran hombres desahuciados que enfrentaban las más difíciles circunstancias y padecían todo tipo de necesidades. Durante semanas enteras buscaban un río que les diera de beber luego de pasar noches en desvelo y quedar exhaustos de tanto caminar. Las penurias de esta experiencia les forjaban un duro carácter y los obligaba a robar para poder subsistir. Justamente el robo de ganado a los hacendados será lo que no le perdonarán jamás a Pancho Villa. Así comenzó la historia del «bandido» más famoso de México.

Pancho había trabajado como peón, minero y albañil. Tenía una personalidad fuerte e implacable, la necesaria para armar un fabuloso ejército de campesinos aguerridos.

Se había sumado a la revolución maderista por iniciativa de Abraham González. Pese a las críticas que surgieron luego de que Madero accediera al poder, siempre se mantuvo leal a su jefe y cumpliendo sus órdenes fue a combatir bajo el mando de Huerta el alzamiento de Orozco. En dicha ocasión, Villa se transformó en un personaje popular y demostró tener fuerte ascendencia sobre su tropa. Esta situación no le agradó a Huerta quién previó que Villa podría llegar a ser un problema. La convivencia con Huerta no fue fácil y Villa casi terminó fusilado. Finalmente, Huerta decidió sacárselo de encima y lo mandó a encarcelar aduciendo un pretexto menor. Villa fue detenido el 7 de junio de 1912 e internado en la cárcel de Lecumberri de la Ciudad de México. Allí conoció al jefe zapatista Giraldo Magaña, quien contaba entonces con apenas 22 años. Según relató Magaña durante los días de encierro ayudó a

Pancho a perfeccionar sus escasos y rudimentarios conocimientos de lecto-escritura y le prestó unos libros sobre la historia de México que cautivaron a Villa por completo.

Durante su penosa estadía en prisión Villa escribió innumerables cartas al presidente Madero para que intercediera y terminara con la injusticia que lo mantenía recluido. El 7 de noviembre fue trasladado a la cárcel de Santiago de Tlatelolco y el 26 de diciembre —cansado de esperar alguna respuesta de Madero— se fugó de la prisión militar con la ayuda de Carlos Jáuregui, un joven secretario del juzgado militar. Ambos partieron rumbo a la ciudad fronteriza de El Paso en el estado de Texas, Estados Unidos. Al enterarse del asesinato de Madero, Villa decidió regresar México, cosa que hizo el 8 de marzo de 1913 para sumarse al Ejército Constitucionalista. Las vueltas de la historia lo llevarían a combatir contra la alianza de Huerta y Orozco.

El famoso periodista norteamericano John Reed, autor del libro *Diez días que conmovieron al mundo* sobre la Revolución Rusa, estuvo junto a Pancho Villa en la misma trinchera. Antes de partir a Rusia, Reed acompañó a Villa a lo largo de sus batallas y, de esta experiencia, nos dejó un invalorable testimonio. El relato de esta historia fue recogido en su libro *México Insurgente*. Sus páginas nos acercan al Pancho Villa real, completamente opuesto a la imagen que construyó la prensa al servicio del poder. Revelan un hombre simple y tenaz, lleno de inquietudes y de una sagaz inteligencia, siempre preguntando y aprendiendo. Un hombre de carácter ciertamente inestable pero en un constante esfuerzo por mejorar. Alguien que casi sin saber leer ni escribir dedicó su tiempo en prisión a estudiar y gracias a su férrea voluntad pronto leía diarios y libros.

Cuentan que nunca se sabía dónde dormía, o mejor dicho, se decía que nunca dormía. Por las noches se internaba en los cerros, solo. Y de repente podía aparecerse de sorpresa en cualquier lugar para ver si los vigías de los campamentos estaban en su puesto y en guardia. Las mismas asperezas de la vida le habían enseñado a no confiar en nadie.

Villa quería comprender la realidad de su tiempo. Reed intentó transmitir la manera de pensar y reflexionar que Villa tenía sobre la historia que hacía a su paso. En uno de los diálogos que ambos solían tener, Reed le preguntó a Pancho si las mujeres votarían en la nueva república. Y Villa, extendido sobre su cama, con el saco sin abotonar, le respondió:

—¡Cómo!, yo no lo creo así —contestó, alarmado, levantándose rápidamente—. ¿Qué quiere usted decir con votar? ¿Significa ello elegir un gobierno y hacer leyes?

Le respondí que sí y que las mujeres ya lo hacían en los Estados Unidos.

—Bueno, dijo rascándose la cabeza—. Si lo hacen allá, no veo por qué no deban hacerlo aquí.

La idea pareció divertirlo enormemente. Le daba vueltas y más vueltas en su mente, me miraba y se alejaba nuevamente.

—Puede ser que sea como Ud. dice —y agregó—: pero nunca había pensado en ello. Las mujeres, creo, deben ser protegidas, amadas. No tienen una mentalidad resuelta. No pueden juzgar nada por su justicia o sinrazón. Son muy compasivas y sensibles. Por ejemplo —añadió— una mujer no daría la orden para ejecutar a un traidor.

—No estoy muy seguro de eso, mi general —le contesté—. Las mujeres pueden ser más crueles y duras que los hombres.

Me miró fijamente atusándose el bigote. Y después comenzó a reírse. Miró despacio hacia donde su mujer ponía la mesa para almorzar.

—Oiga —exclamó— venga para acá. Escuche. Anoche sorprendí a tres traidores cruzando el río para volar la vía del ferrocarril. ¿Qué haré con ellos? ¿Los fusilaré o no?

Toda turbada, ella tomó su mano y la besó.

—Oh, yo no sé nada acerca de eso —dijo ella—. Tú sabes mejor.

—No —dijo Villa—. Lo dejo completamente a tu juicio. Esos trataban de cortar nuestras comunicaciones entre Juárez y Chihuahua. Eran unos traidores, federales. ¿Qué haré? ¿Los debo fusilar o no?

—Oh, bueno, fusílalos —contestó la señora Villa.

Villa rió entre dientes complacido.

—Hay algo cierto en lo que usted dice —hizo notar.

Y durante varios días después acosó a la cocinera y a las camareras preguntándoles a quién querrían como presidente de México.

Es importante aclarar que recién en el año 1953 las mujeres mexicanas pudieron ejercer por primera vez su derecho al voto.

Pancho Villa tenía un sueño y fue para cumplirlo que empuñó las armas. Reed nos cuenta acerca de este sueño en otro pasaje de su libro que citamos a continuación:

Resulta muy interesante conocer el apasionado ensueño, la quimera que anima a este luchador ignorante «que no tiene bastante educación para ser presidente de México». Me lo dijo una vez con estas palabras:

«Cuando se establezca la nueva República, no habrá más ejército en México. Los ejércitos son los más grandes apoyos de la tiranía. No puede haber dictador sin su ejército. Pondremos a trabajar al ejército. Serán establecidas en toda la República colonias militares, formadas por veteranos de la revolución. El Estado les dará posesión de tierras agrícolas y creará grandes empresas industriales para darles trabajo. Laborarán tres días de la semana y lo harán duro, porque el trabajo honrado es más importante que pelear, y solo el trabajo así produce buenos ciudadanos. En los otros días recibirán instrucción militar, la que, a su vez, impartirán a todo el pueblo para enseñarlo a pelear. Entonces, cuando la patria sea invadida, únicamente con tomar el teléfono desde el Palacio Nacional en la Ciudad de México, en medio día se levantará todo el pueblo mexicano de sus campos y fábricas, bien armado, equipado y organizado para defender a sus hijos y a sus hogares. Mi ambición es vivir mi vida en una de las colonias militares, entre mis compañeros a quienes quiero, que han sufrido tanto y tan hondo conmigo. Creo que desearía que el gobierno estableciera una fábrica para curtir cueros, donde pudiéramos hacer buenas sillas y frenos, porque sé cómo hacerlos; el resto del tiempo desearía trabajar en mi pequeña granja, criando ganado y sembrando maíz. Sería magnífico, yo creo, ayudar a hacer de México un lugar feliz».

La acusación de bandido

Como ha ocurrido a lo largo de la historia el poder contó con los grandes medios de la prensa capitalina como sus voceros. Desde entonces, las crónicas de estos periodistas mercenarios de profesión se empecinaron en derribar la imagen de héroe popular que Villa sembraba a su paso. Lo acusaban de bandido salvaje, ladrón, bruto, insensible y todos los adjetivos detractores que a uno se le puedan ocurrir. Jamás pudieron tolerar que un campesino insumiso, antiguo peón de sus haciendas, se convirtiera en el jefe de un ejército revolucionario compuesto por los trabajadores del campo y los obreros de sus latifundios e industrias. La imagen degradada y temeraria que brindaban de este bandolero de los pobres era sin duda una respuesta desesperada a su temor. El miedo les brotaba sin control al ver como las acciones de Villa despertaban en el pueblo un apoyo incondicional y potenciaban su deseo de libertad y justicia.

Villa no fumaba ni tomaba una gota de alcohol. Existen testimonios que relatan como los soldados de la División del Norte vieron amanecer las calles empapadas de bebida luego de que el general diera la orden de vaciar todos los barriles. Era una persona muy alegre y especialmente dotado para el baile, terreno en el que nadie se atrevía ha desafiarlo.

Había conocido la pobreza, el hambre y la necesidad de su pueblo. Y por eso nunca olvidó su origen. Su nombre dejó centenares de leyendas en el camino. Sus historias recorrieron los cerros y las montañas y otros continentes. En todo México se escuchaba decir que con sus hombres había alimentado a pueblos enteros. Pronto lo llamaron «el amigo de los pobres».

Poco se sabe de su vida de bandolero, pero sin duda el pueblo plasmó en su figura la imagen de sus propios anhelos y esperanzas y en ella expresó una moral sobre el mundo. El bandido expresaba como símbolo los deseos de rebeldía contra la dominación y el sometimiento. Una vida llena de desgracias y plagada de violencia cotidiana fue la plataforma para su actitud temeraria. Sus acciones estaban en justa medida y fueron una respuesta necesaria al lugar que debió ocupar en esta histórica contienda. Fue el jefe de una masa campesina hambrienta e inculta que luchaba contra una clase poderosa y plagada de recursos. Pancho había elegido un camino poco fácil, pues bien podría haber sido policía rural o trabajado para los hacendados. Sin embargo, eligió el camino del sacrificio y la lucha.

En el campo se escuchaba decir: «Villa roba para los pobres no para enriquecerse», «le roba a los hacendados y reparte su botín entre la gente pobre del lugar». Esta era la verdadera justicia que esperaba el pueblo y por la que decidió unirse a la guerra revolucionaria.

La historia de su vida es un fiel testimonio de estas leyendas. Porque habiendo sido un pobre peón de campo, construyó y dirigió un ejército de campesinos, defendió el honor de quienes pelearon a su lado por la tierra y jamás traicionó a sus compañeros de lucha.

La División del Norte

El fabuloso ejército que respondía al general Villa estaba formado por campesinos y obreros mineros y ferrocarrileros, algunos pequeño-burgueses pobres de provincia y militares de escuela que, inteligentemente organizados y valientemente dispuestos, fueron artífices de grandes hazañas militares.

A su regreso de Estados Unidos, Villa había reclutado unos cuantos hombres. Su figura sembraba rebeldía y esperanza. Tenía fama de invencible y este rumor no era algo menor a la hora de ir a la batalla, en verdad producía un efecto desmoralizador en el enemigo.

La División del Norte llegó a ser un verdadero ejército y demostró que se podía vencer a un ejército regular. Fue la organización militar más fuerte que los campesinos pudieron construir durante la Revolución. Villa supo utilizar todos los recursos de la manera más eficiente y provechosa. Supo valerse de las vías del ferrocarril, coordinar sus fuerzas y ordenar el abastecimiento. Aprovechó a los militares de carrera que en pleno ascenso de la Revolución se sumaban a su ejército, y en especial contó con la invalorable presencia del general Felipe Ángeles, quien le aportó sus conocimientos de artillería y estrategia militar.

Su nivel de organización fue ciertamente maravilloso para las condiciones de la época. Era el único ejército que contaba con un hospital de campaña y un servicio sanitario que realmente funcionaran. Reed nos cuenta en su libro cómo estaba constituido:

Consistía en cuarenta carros-caja, esmaltados por dentro, equipados con mesas de operaciones y todo el instrumental quirúrgico más moderno, manejados por más de sesenta doctores y enfermeras. Durante los combates, todos los días corrían trenes rápidos llenos de heridos graves, del frente a los hospitales de base en Parral, Jiménez y Chihuahua. Se hacía cargo de los federales, para su atención, con el mismo cuidado que para sus propios hombres. Delante de su tren de aprovisionamiento iba otro tren, conduciendo dos mil sacos de harina, también café, maíz, azúcar y cigarrillos, para alimentar a toda la población famélica del campo, en las cercanías de las ciudades de Durango y Torreón.

A Villa le preocupaba mucho el estado de su tropa y apenas llegaba a una población ordenaba el reparto de comida. Pero no solo se ocupaba de los soldados, sino que a través de los préstamos forzosos que le imponía a los Bancos y a los ricos, colaboraba con las viudas de sus soldados y ayudaba a los hospitales del lugar. Ese dinero también le servía para obtener recursos y abastecerse de materiales para la guerra.

Era implacable con los prisioneros, salvo con los soldados que habían sido obligados a sumarse al ejército mediante la Ley de la Leva, que imponía en los pueblos la incorporación forzosa al servicio militar. Estos soldados tenían la oportunidad de sumarse a luchar a su lado en la División el Norte. También fur fue inclemente con sus propios soldados cuando se comprobó que estos habían cometido atropellos contra la población, saqueado algún comercio, faltado el respeto a alguna mujer o cometido el peor de los delitos: la traición.

Las hazañas militares

Villa utilizó principalmente una táctica de lucha guerrillera. La movilidad, el sigilo, la rapidez de movimientos eran su fuerte. Marchas relámpago y ataques nocturnos. A diferencia de cualquier ejército regular podía alejarse de la base y del aprovisionamiento. Atemorizaba psicológicamente a sus enemigos haciéndoles creer que su ejército era invencible. Se adaptaba fácilmente al terreno y a las características de su tropa.

Una de las tomas de Ciudad Juárez fue realmente asombrosa. Se combinaron su inteligencia, valor y sagacidad. Mientras la tropa de Villa retrocedía sobre sus pasos luego del intento fallido de tomar la ciudad de Chihuahua, interceptaron un tren que se encontraba en la estación de «El Cobre». Aprovecharon la situación y decidieron tomarlo por asalto para abastecerse de comida y armas pero encontraron que la máquina solo transportaba carbón. Fue entonces cuando se les ocurrió una fantástica idea. Casi una locura. Villa exclamó: «Nos vamos con dos mil hombres en este tren a tomar Ciudad Juárez». La estrategia era obligar al telegrafista a que comunicara que el paso estaba interrumpido y pidiera instrucciones sobre cómo proceder. Desde la estación le dijeron entonces que regresara. En ese instante, la División del Norte cargó los vagones del tren con sus soldados y partieron rumbo a Ciudad Juárez con el objetivo de atacar la plaza por sorpresa. Mientras tanto, Villa ordenó que una patrulla se adelantara al tren para que apresara al telegrafista de la próxima estación y, así sucesivamente, informara lo mismo y pidiera nuevas instrucciones. La respuesta fue siempre la misma: que el tren regresara.

Finalmente su tren, como caballo de Troya, arribó a la ciudad en una fría madrugada. A las dos de la mañana los soldados se lanzaron sorpresivamente al ataque y al grito de «Viva Villa». La población estaba aterrorizada pues la fama de salvajes que la prensa había dado a la División del Norte alimentaba todo tipo de temores. Sin embargo, una vez que Villa tuvo la plaza en su poder todos los habitantes del lugar vieron cómo se restablecía la tranquilidad y no se cometían saqueos ni desmanes.

Villa no conocía el arte de la guerra pues nunca había tenido formación militar. Su original estrategia se fue conformando en el mismo campo de batalla y gran parte de su éxito se debió al conocimiento que tenía de su tropa. La autoridad de Villa no provenía de un grado militar otorgado por un escritorio, sino que se la había ganado en el frente peleando junto a sus soldados. Combatía como uno más, un igual.

La División del Norte fue el ejército campesino mejor organizado y el responsable de las victorias decisivas contra los federales. Pero desde su nacimiento tuvo la incapacidad de lograr una dirección política independiente que pudiera sobreponerse al mando burgués del carrancismo. A diferencia del zapatismo que tenía un programa político propio, el villismo dependía en términos políticos de la iniciativa burguesa.

Conflicto entre Carranza y Villa

Desde finales del año 1913 y luego de que Huerta decidiera disolver el Congreso a raíz de su creciente debilidad política y militar, una sucesión de derrotas sellaron a mediados de 1914 la suerte definitiva del gobierno.

Obregón obtuvo el control de Sinaloa y Sonora, los zapatistas tomaron Iguala y Chilpancingo en el estado de Guerrero, el ejército del noreste tenía en su poder a Monterrey, capital de estado de Nueva León, y Estados Unidos intervino en el estado de Veracruz, para cerrar el paso de armas a Huerta y abrirlo a los constitucionalistas. Fue entonces cuando la División del Norte proporcionó el golpe final contra el ejército federal en los meses de abril y junio de 1914 con la toma las ciudades de Torreón y Zacatecas.

La popularidad de Villa había ido en aumento a medida que la División del Norte salía victoriosa. A Carranza no le agradaba esta situación y con el objetivo de limitar su creciente poder comenzó a interponerse en su camino. Su intención era desviar a Villa para conseguir que no fuera él quién lograse llegar a la capital.

Para ello, Carranza ordenó a Villa realizar movimientos sin sentido y contraproducentes desde el punto de vista militar con el objetivo de darle tiempo a Obregón para que se acercara a la Ciudad de México. La División del Norte acató las órdenes de Carranza aun cuando Villa y Ángeles estaban en desacuerdo. El jefe constitucionalista continuó dando órdenes a Villa de detener su marcha para acudir en refuerzo del general Pánfilo Natera, encargado de tomar Zacatecas. Frente a la insistente actitud de Carranza resuelto a entorpecer su avance, Villa decidió presentar su renuncia. Carranza la aceptó y ordenó una reunión de generales para establecer la continuidad de la División bajo un nuevo mando. Pero los villistas, leales a su jefe y encabezados por Felipe Ángeles, se sublevaron y desconocieron lo dispuesto por Carranza.

A partir de este momento el constitucionalismo mostrará una fisura que se ahondará en los meses venideros. El escenario político y militar estará marcado por una delgada línea que entrecruza los intereses de clase con los de la coyuntura política. En este sentido, Carranza estaba dispuesto a debilitar a su propio ejército, incluso sin haber derrotado a los federales con tal de que la representación del campesinado perdiera fuerza. Es por ello que será uno de los más empecinados en sabotear a la División del Norte. La fuerza villista deberá a partir de aquí enfrentar los ataques de Huerta y del carrancismo al mismo tiempo.

La División del Norte, con mayor fuerza moral que antes, decidió avanzar hacia la capital y el 23 de junio de 1914 atacó la plaza de Zacatecas. Gracias al valor y la estrategia de los villistas fue posible este triunfo sobre las tropas federales. A pesar del conflicto con Carranza, Villa rindió parte de la batalla al jefe constitucionalista y regresó a Torreón dejando Zacatecas en poder de Natera. Villa dio una muestra de sus principios revolucionarios y dejó al desnudo el atropello que Carranza ejercía sobre la División del Norte.

Carranza por su parte embistió nuevamente contra las fuerzas villistas destituyó a Felipe Ángeles como subsecretario de guerra y ascendió a Obregón y González al grado de generales de división, mientras mantenía a Villa como general de brigada.

Claramente, Carranza no estaba dispuesto a ceder ante la dirección campesina.

El sabotaje permanente del jefe constitucionalista obligó a Villa a replegarse sobre Torreón. No obstante, Carranza sabía que la guerra aún no estaba ganada y creyó que no era el momento oportuno para entrar en directa colisión con la fuerza villista. A instancias de una negociación abierta por los jefes del ejército del Noroeste y de la División del Norte, se iniciaron una serie de encuentros que concluyeron en un acuerdo.

El 8 de julio de 1914 se firmó el Pacto de Torreón entre Villa y Carranza. En el mismo se ratificó a ambas direcciones, esto es a Carranza como Primer Jefe del Ejército Constitucionalista y a Villa como Jefe de la División del Norte. Por otro lado, se definieron los pasos a seguir luego de la victoria. Más específicamente, se estableció que Carranza debía hacerse cargo del Poder Ejecutivo y debía llamar a una Convención de jefes constitucionalistas con el objetivo de fijar fecha para las elecciones y resolver sobre el programa de gobierno. El villismo logró imponer en el acuerdo la cláusula 8, misma que incluye una serie de compromisos políticos-sociales. Vale citarla textualmente.

Cláusula 8: Siendo la actual contienda una lucha de los desheredados contra los abusos de los poderosos y comprendiendo que las causas de las desgracias que afligen al país emanan del pretorianismo, de la plutocracia y de la clerecía, las Divisiones del Norte y del Noreste se comprometen solemnemente a combatir hasta que desaparezca por completo el Ejército ex federal, el que será sustituido por el Ejército Constitucionalista; a implantar en nuestra nación el régimen democrático; a procurar el bienestar de los obreros; a emancipar económicamente a los campesinos, haciendo una distribución equitativa de las tierras o por otros medios que tiendan a la resolución del problema agrario, y a corregir, castigar y exigir las debidas responsabilidades a los miembros del clero católico romano que material e intelectualmente hayan ayudado al usurpador Victoriano Huerta. [...]

Sin embargo, Carranza solo aceptó sentarse a negociar con los campesinos con el único objetivo de ganar tiempo. Pues tan pronto como el ejército de Obregón tomara la Ciudad de México desconocería por completo lo pactado en Torreón.

Luego de que el villismo obtuviera el triunfo decisivo en Zacatecas, el 6 de julio Obregón triunfó en la batalla de Orendain y dos días después Lucio Blanco ganó en la batalla de El Castillo, por lo que pudieron avanzar sin resistencia hacia la capital.

El 15 de julio de 1914 Huerta comprendió que se encontraba acorralado y presentó su renuncia. Los constitucionalistas asumieron el gobierno en la capital.

El triunfo sobre Huerta y el ejército federal impulsará una ola de entusiasmo generalizado entre los campesinos y peones que se sentían triunfadores. La experiencia revolucionaria los alentará a continuar con el reparto de tierras. Fueron los campesinos organizados los verdaderos actores del triunfo revolucionario y así lo sentían las masas esperanzadas, orgullosas y afirmadas sobre sus propias fuerzas.

Convención
de Aguascalientes

Lucha de clases

Carranza se hizo cargo del gobierno en la capital el 15 de agosto de 1914. Su primera medida fue ordenar el desarme del ejército federal y el reemplazo de sus tropas por las de Obregón. El ejército de Obregón contaba en su interior con una fracción de la pequeño-burguesía nacionalista, atraída por la fuerza villista como Lucio Blanco y Rafael Buelna. Pero también estaba conformado por una camada de jefes militares corruptos que durante su paso por el ejército constitucionalista se fueron enriqueciendo y que darán luego nacimiento a una nueva burguesía mexicana.

La llegada a la capital dejará al desnudo los intereses de clase y marcará el inicio de los conflictos abiertos al interior del constitucionalismo. Los dos ejércitos campesinos, al sur el zapatista y al norte el de Villa, serán los verdaderos representantes de los intereses populares y quienes sostendrán la pelea por la tierra y exigirán la realización de las conquistas sociales prometidas. En el lado opuesto, estarán Carranza con Pablo González y Álvaro Obregón, quienes intentarán recomponer el gobierno y el orden institucional desoyendo nuevamente el clamor popular por reformas sociales profundas, sobre todo en lo que refiere a la cuestión agraria.

Apenas asumió el gobierno, Carranza se dispuso a liquidar las organizaciones campesinas insurrectas. El 28 de agosto de 1914 entró en conversaciones con el zapatismo, pero no logró su cometido. Zapata exigía la aplicación del Plan de Ayala como primera condición para iniciar el desarme de su tropa. Estaba fresca la experiencia de Madero en el poder y no iban a dejar que Carranza los engañara. Sin alcanzar un acuerdo, se reanudó el conflicto armado.

En su «Manifiesto al pueblo mexicano» del mes de agosto de 1914 los zapatistas anunciaron que:

> El movimiento revolucionario ha llegado a su período culminante y, por lo mismo, es ya hora de que el país sepa la verdad; toda la verdad. La actual Revolución no se ha hecho para satisfacer los intereses de una personalidad, de un grupo o de un partido. La actual Revolución reconoce orígenes más hondos y va en pos de fines más altos. El campesino tenía hambre, padecía miseria, sufría explotación, y si se levantó en armas fue para obtener el pan que la avidez del rico le negaba; para adueñarse de la tierra que el hacendado, egoístamente, guardaba para sí; para reivindicar su libertad, que el negrero atropellaba inicuamente todos los días. Se lanzó a la revuelta, no para conquistar ilusorios derechos políticos que no dan de comer, sino para procurarse el pedazo de tierra que ha de proporcionarle alimento y libertad, un hogar dichoso y un porvenir de independencia y engrandecimiento. Se equivocan lastimosamente los que creen que el establecimiento de un gobierno militar, es decir, despótico, será lo que asegure la pacificación del país. Esta solo podrá obtenerse si se realiza la doble operación de reducir a la impotencia a los elementos del antiguo régimen y de crear intereses nuevos, vinculados estrechamente con la Revolución, que les sean solidarios, que peligren si ella peligra y prosperen si aquella se establece y consolida. [...] Por eso, la Revolución Agraria, desconfiando de los caudillos que a sí mismos se disciernen el triunfo, ha adoptado como precaución y como garantía el precepto justísimo de que sean todos los jefes revolucionarios del país los que elijan al primer magistrado, al presidente interino que debe convocar a elecciones; porque bien sabe que del interinato depende el porve-

nir de la Revolución y, con ella, la suerte de la República. ¿Qué cosa más justa la de que todos los interesados, los jefes de los grupos combatientes, los representantes revolucionarios del pueblo levantado en armas, concurran a la designación del funcionario en cuyas manos ha de quedar el tabernáculo de las promesas revolucionarias, el ara santa de los anhelos populares? ¿Por qué la imposición de un hombre a quien nadie ha elegido? ¿Por qué el temor de los que a sí mismos se llaman constitucionalistas para sujetarse al voto de la mayoría, para rendir tributo al principio democrático de la libre discusión del candidato por parte de los interesados?

El procedimiento, a más de desleal, es peligroso, porque el pueblo mexicano ha sacudido su indiferencia, ha recobrado su brío y no será él quien permita que a sus espaldas se fragüe la erección de su propio gobierno. Y si los constitucionalistas quieren en verdad al pueblo y conocen sus exigencias, que rindan homenaje a la voluntad soberana aceptando con sinceridad y sin reticencias los tres grandes principios que consigna el Plan de Ayala; expropiación de tierras por causa de utilidad pública, confiscación de bienes a los enemigos del pueblo y restitución de sus terrenos a los individuos y comunidades despojados. [...] Reforma, Libertad, Justicia y Ley. Campamento Revolucionario en Milpa Alta, agosto de 1914.

De todas formas, el ascenso de la movilización de masas en todo el país obligaba al gobierno recién instalado a dar algunas respuestas a las demandas populares. Allí donde se establecieron gobiernos constitucionalistas se procedió a la supresión de las tiendas de raya, la condonación de las deudas de los campesinos, medidas de protección para los trabajadores como la implantación del salario mínimo, la jornada de ocho horas, el descanso semanal. Pero ninguna reglamentación se había establecido en relación con la propiedad de la tierra. Las organizaciones obreras retomaron sus actividades.

El 15 de septiembre de 1914, el gobierno de Estados Unidos anunció el retiro de las tropas norteamericanas del puerto de Veracruz. Carranza dio a conocer la noticia al pueblo mexicano desde los balcones del Palacio Nacional.

El general Obregón comprendía que para llegar a la pacificación del país era necesario aplicar medidas de carácter social. Esta perspectiva lo llevó inicialmente a tener una actitud más conciliadora con Villa y Zapata.

Obregón quería por el momento mantener a la División del Norte dentro del Ejército Constitucionalista. Por este motivo decidió interceder ante la inminente ruptura de Villa con Carranza. Villa estaba dispuesto a entablar negociaciones con Carranza partiendo de lo conversado en Torreón. Pero el jefe constitucionalista negó esa posibilidad y, sin más, llamó a una Convención para el 1ro. de octubre de 1914 en la Ciudad de México. Villa rechazó el llamado de Carranza a sabiendas de que esta no sería representativa de todas las tendencias. Por disposición de Carranza, los asistentes a la Convención serían designados desde el centro y no —como se había acordado en el pacto de Torreón— según la representatividad de cada división. Asimismo, la convocatoria no hacía referencia precisa a los temas que serían tratados, de lo que podía desprenderse que la cuestión agraria podría quedar afuera de la agenda de discusión.

El 22 de septiembre, Villa envió un telegrama a Carranza en el que le da a conocer su decisión:

Cuartel General en Chihuahua.

Septiembre 22 de 1914.

Señor Venustiano Carranza.

México D.F.

En contestación a su mensaje, le manifiesto que el general Obregón y otros generales de esta División, salieron esta noche para esa capital con el objeto de tratar importantes asuntos relacionados con la situación general de la República; pero en vista de los procedimientos de usted que revelan un deseo premeditado de poner obstáculos para el arreglo satisfactorio de las dificultades para llegar a la paz que tanto deseamos, he ordenado que suspendan su viaje y se detengan en Torreón. En consecuencia, le participo que esta División no concurrirá a la Convención que ha convocado y desde luego le manifiesto su desconocimiento como Primer Jefe de la República, quedando usted en libertad de proceder como le convenga.

El general en jefe, Francisco Villa

El telegrama anunciaba la ruptura definitiva entre Villa y Carranza. Lucio Blanco promovió un encuentro en la ciudad de Aguascalientes con el fin de evitar un enfrentamiento armado entre las dos fracciones. Mientras llegaban a la capital los delegados de la Convención carrancista, Obregón y otros generales partieron hacia Aguascalientes para entablar conversaciones con Villa. El resultado de este encuentro fue la propuesta de que la Convención reunida en la Ciudad de México se trasladara a Aguascalientes para iniciar sus actividades el día 10 de octubre. Simultáneamente se acordó suspender las hostilidades y los movimientos de tropas e invitar a Zapata a que enviara delegados.

Carranza rechazó el ofrecimiento y decidió iniciar la Convención en la capital. Villa —alarmado por la intransigente actitud de Carranza— amenazó con avanzar hasta allí. Carranza debió renunciar frente a las presiones y el 4 de octubre la Convención se trasladó a Aguascalientes para comenzar sus sesiones el día 10, solo con la presencia de los delegados militares.

La Convención se reunió en el Teatro de Morelos el día indicado por la tarde. Un espíritu optimista reinaba en el ambiente y había esperanza de que los conflictos fueran resueltos. Se esperaba que la Convención diera luz a un programa de gobierno que resolviera definitivamente los problemas de fondo que habían llevado al pueblo mexicano a las armas y a cinco años de sangrientas luchas.

La Convención revolucionaria se declaró soberana y los representantes firmaron sobre la bandera nacional cumplir las disposiciones que de la misma emanaran. El 17 de octubre llegó el general Villa, quien emocionado pronunció un encendido discurso.

La unión del norte y del sur y el problema del gobierno

Se nombraron dos comisiones para invitar nuevamente a Carranza y a Zapata. Carranza no asistió pero envió una nota para que fuera leída a los presentes. El día 27 se incorporó la delegación zapatista, hecho que marcó un giro decisivo al gran encuentro. Hasta la llegada de los sureños la Convención se encontraba paralizada y empantanada en interminables discusiones sin sentido. El villismo había tenido la fuerza suficiente como para obligar al carrancismo a sumarse a la Convención e imponer que la misma estuviera formada por los delegados militares. Pero carecía de una visión política global que le permitiera superar la situación de enfrentamiento interno mediante el lanzamiento de un programa de gobierno. Villa sabía que no podía confiar en que Carranza diera cumplimiento al reparto de tierras. Y que llegado el caso, solo contaba con la fuerza para entorpecer sus planes de gobierno, pero no tenía la capacidad de generar una alternativa superadora. Fueron entonces los delegados zapatistas los que entregaron a Villa esta visión programática. El encuentro entre el zapatismo y el villismo fue la pieza clave para que la Revolución pudiera seguir adelante. Los zapatistas dotaron de contenido ideológico claro a la Convención e impulsaron las discusiones sobre las reformas económicas, sociales y políticas en base a lo expuesto en el Plan de Ayala.

Las masas campesinas contaron entonces con el programa necesario para dar forma a sus demandas. A través de los delegados zapatistas, en conjunción con los villistas y el ala radical del carrancismo, se impulsó la aprobación de los artículos 4, 5, 6, 7, 8 y 9 y luego el 12 y 13 del Plan de Ayala.

Finalmente y luego de largos debates en las comisiones se decidió el 30 de octubre de 1914 el cese de Carranza como presidente y de Villa como jefe de la División del Norte y se nombró presidente provisional por veinte días a Eulalio Gutiérrez. También se dispuso el traslado de la Convención a la capital y realizar una invitación formal a los zapatistas, pues hasta aquí únicamente habían tenido voz pero no voto.

Carranza desconoció las medidas adoptadas por la Convención y se retiró de la capital. El día 10 de noviembre, la Convención nombró jefe del ejército a Villa y declaró rebelde a Venustiano Carranza. Se inició así la marcha de los ejércitos campesinos sobre la capital. El 12 de noviembre, Carranza desde Veracruz desconoció a Villa y a Gutiérrez, los declaró «la reacción» y sumó el apoyo de Obregón, que al ver por el momento frustrada su estrategia, se reunió nuevamente con su jefe Carranza.

A partir de aquí el problema del mando en el gobierno se agudizó. El poder estaba bloqueado y ya no había lugar para una solución política al enfrentamiento entre las dos fracciones del constitucionalismo, por lo que la definición pasaría entonces al plano militar.

La Convención lanzó a mediados de mes un Manifiesto con un programa mínimo. Carranza trasladó el gobierno a Veracruz y Villa decidió avanzar sobre la Ciudad de México para lo que pidió ayuda a Zapata. Carranza negoció durante su retirada hacia Veracruz la entrega efectiva del puerto por parte de Estados Unidos, cosa que logró el 23 de noviembre de 1914. Al día siguiente, Obregón salió de la capital. Lucio Blanco se quedó y decidió sumarse al gobierno de la Convención. Esa misma noche llegaron los zapatistas. La Ciudad de México quedó así en poder de Villa y Zapata y el gobierno de la Convención. Los constitucionalistas quedaron relegados a la periferia de la costa, mientras que los zapatistas y los villistas controlaban el centro del país.

Ciudad
de México

Un abrazo revolucionario en Xochimilco

Uno de los sucesos de la Revolución, que sin duda marcó su punto más alto, fue cuando los ejércitos campesinos entraron a la Ciudad de México. Centro del poder político y económico del país, la toma de la capital marcaba la culminación de un camino. Allí estaban los oprimidos, los de abajo, los explotados, los rebeldes que habían decidido terminar con la miseria a la que estaban condenados. Frente a Zapata y Villa se abría el sueño de un México de iguales, de un país justo. Pero este sueño aún había que conquistarlo, ya que haber llegado a la ciudad y ocupado el Palacio Nacional, no significaba gobernar el país.

El 3 de diciembre de 1914, la División del Norte y la Convención hicieron su entrada triunfal. Al día siguiente, se produjo un encuentro entre Zapata y Villa en Xochimilco. Este encuentro entre el norte y el sur había sido uno de los más temidos por la burguesía mexicana. Desde Madero pasando por Huerta y hasta llegar a Carranza, fueron todos ellos expresión de las distintas estrategias que la burguesía implementó para impedir que la masa campesina se unificara en un solo bloque y lograra imponer sus intereses. El abrazo de Xochimilco simbolizó el encuentro de la fuerza militar campesina más importante de la Revolución, la División del Norte, con la organización más avanzada en términos ideológicos y políticos, el zapatismo. Pero esta combinación fabulosa de una propuesta política campesina independiente con la mayor organización militar no pudo resolver los problemas del gobierno a escala nacional. El programa campesino tenía una limitación de origen: no contemplaba otros problemas —que excedían la situación del campesino y la cuestión de la tierra—, como por ejemplo los relativos a las demandas en las ciudades y la industria. En estos puntos su programa se tornaba confuso, impreciso e incapaz de desplegar una perspectiva de carácter nacional que incluyera a otros sectores. El campesinado mexicano había luchado heroicamente para terminar con las injusticias, pero no contaba con el instrumento que le permitiera aglutinar alrededor de su proyecto al conjunto de las clases populares.

El 6 de diciembre de 1914, los generales Villa y Zapata vieron desfilar sus tropas desde el Palacio Nacional junto al presidente de la Convención, Eulalio Gutiérrez. Pero el acuerdo entre los tres jefes durará tan solo unos pocos días.

El problema del poder

Desde que la Convención asumió el gobierno quedó al desnudo el problema del poder. La situación revolucionaria era tal porque la oligarquía había perdido el poder pero la nueva burguesía no había podido conquistarlo aún. El poder se encontraba vacante y los campesinos no pudieron ocupar su lugar, pues carecían de un programa definido a escala nacional y no contaban con un aparato propio que pudiera poner en ejecución un programa de acciones transformadoras. El arribo al Palacio Nacional marcó un punto de inflexión en el proceso revolucionario. Era necesaria la destrucción de los cimientos de la propiedad y la legalidad burguesas para abrir una nueva etapa en la lucha revolucionaria. Con la ocupación de las instalaciones del Palacio Nacional los campesinos tuvieron el desafío de transformar radicalmente los resortes de dominación, pero para ello era imprescindible oponer otro poder de Estado. El país se encontraba en una profunda crisis por los años de guerra y requería de medidas urgentes que dieran respuesta a las acuciantes necesidades. El aparato estatal seguía funcionando por inercia y la estructura de la propiedad en la ciudad no fue alterada. Los campesinos no contaban en sus filas con los cuadros políticos que pudieran hacerse cargo del aparato gubernamental, de sancionar las leyes, de dirigir los órganos encargados de su aplicación, de contemplar con una mirada íntegra y completa la situación nacional. Todo ello los obligó a entregar el poder a una pequeño-burguesía carente de un proyecto propio y que sentía estar ocupando un lugar prestado. Los campesinos los tenían amarrados a punta de fusil y les hacían sentir su legítima desconfianza. Es ilustrativo al respecto el relato de Martín Luis Guzmán, novelista de la Revolución Mexicana, en su libro *El águila y la serpiente* describió con agudeza los sentimientos de esta pequeño-burguesía que ascendía a un lugar que no había conquistado y sentía en verdad un profundo desprecio de clase por los campesinos que allí la habían colocado.

Pese al indiscutible control militar de la mayor parte del territorio y la extrema debilidad en que se encontraba el ejército de Carranza y Obregón, la ocupación de la Ciudad de México había planteado un desafío político que los campesinos no pudieron resolver. El proletariado estaba ausente como fuerza política independiente y no tenía las condiciones para plantear una salida en términos nacionales; esta aún no contaba siquiera con una dirección a escala nacional. Los obreros que participaban del ejército villista lo hacían como individuos y no como clase. Es por ello que no fue posible una alianza obrero-campesina mediante la cual las clases subalternas pudieran generar un proyecto alternativo y hegemónico que diera nacimiento a un nuevo modelo de sociedad.

El día que los dos jefes campesinos se encontraron en Xochimilco tuvieron un extenso diálogo del cual contamos con una versión taquigráfica. Allí manifestaron con sus propias palabras cuáles eran sus limitaciones para la nueva etapa que se abría. Dos factores decisivos fueron el germen de su posterior derrota: la decisión de entregar el poder político y su negativa a formar un ejército centralizado.

4 de Diciembre de 1914

El Gral. Villa: Siempre estuve con la preocupación de que se fueran a quedar olvidados, pues yo tenía empeño en que entraran en esta Revolución. Como Carranza es un hombre tan, así, tan descarado, comprendí que venían haciendo el control de la República; y yo, nomás esperando.

El Gral. Zapata: Ya han dicho a usted todos los compañeros: siempre lo dije, les dije lo mismo, ese Carranza es un canalla.

F. V.: Son hombres que han dormido en almohada blandita. ¿Dónde van a ser amigos del pueblo que toda la vida se la ha pasado de puro sufrimiento?

E. Z.: Al contrario, han estado acostumbrados a ser el azote del pueblo.

F. V.: Con estos hombres no hubiéramos tenido progreso ni bienestar ni reparto de tierras, sino una tiranía en el país. [...]

F. V.: Yo pensaba que con nosotros pelearían ahora que empecé a caminar del Norte; pero no, no pelearon.

E. Z.: Aquí empezaban a agarrarse fuerte, y... ya lo ve usted.
   [...]

F. V.: Para que ellos llegaran a México fue para lo que peleamos todos nosotros. El único ejército que peleó fue el nuestro (refiriéndose al avance hacia el Sur). Nunca nos hacían nada, no obstante que tenían guarniciones hasta de mil hombres. [...]

F. V.: [...] Vamos a ver si quedan arreglados los destinos de aquí de México, para ir luego donde nos necesitan.

Serratos: En las manos de ustedes dos están. (Todos asienten a lo dicho por Serratos).

F. V.: Yo no necesito puestos públicos porque no los sé «lidiar». Vamos a ver por dónde están estas gentes. Nomás vamos a encargarles que no den quehacer.

E. Z.: Por eso yo se los advierto a todos los amigos que mucho cuidado, si no, les cae el machete. (Risas.)

Serratos: Claro...

E. Z.: Pues yo creo que no seremos engañados. Nosotros nos hemos estado limitando a estarlos arriando, cuidando, cuidando, por un lado, y por otro, a seguirlos pastoreando.

F. V.: Yo muy bien comprendo que la guerra la hacemos nosotros los hombres ignorantes, y la tienen que aprovechar los gabinetes; pero que ya no nos den quehacer.

E. Z.: Los hombres que han trabajado más son los menos que tienen que disfrutar de aquellas banquetas. No más puras banquetas. Y yo lo digo por mí: de que ando en una banqueta hasta me quiero caer.

F. V.: Ese rancho está muy grande para nosotros; está mejor por allá afuera. Nada más que se arregle esto, para ir a la campaña del Norte. Allá tengo mucho quehacer. Por allá van a pelear muy duro todavía.

E. Z.: Porque se van a reconcentrar en sus comederos viejos.

F. V.: Aquí me van a dar la quemada; pero yo creo que les gano. Yo les aseguro que me encargo de la campaña del Norte, y yo creo que a cada plaza que llegue también se las tomo, va a parar el asunto de que para los toros de Tepehuanes los caballos de allá mismo.

E. Z.: ¿Pero cómo piensan permanecer, por ejemplo, en las montañas y así, en los cerros, de qué manera? Las fuerzas que tienen no conocen los cerros.

Serratos: ¿Qué principios van a defender?

F. V.: Pues yo creo que a Carranza todavía; pero de Patria no veo nada. Yo me estuve «ensuichado» cuando la Convención; empezaron: que se retire el general Villa y que se retire, y yo dije: yo creo que es bueno retirarse pero es mejor hablar primero con mi general Zapata. Yo quisiera que se arreglara todo lo nuestro, y por allá, en un ranchito —lo digo por mi parte—, allá tengo unos jacalitos, que no son de la Revolución. Mis ilusiones son que se repartan los terrenos de los riquitos. Dios me perdone ¿no habrá por aquí alguno? (irónicamente).

Voces: Es pueblo, es pueblo.

F. V. (prosigue): Pues para ese pueblo queremos las tierritas. Ya después que se las repartan, comenzará el partido que se las quite.

E. Z.: Le tienen mucho amor a la tierra. Todavía no lo creen cuando se les dice: «Esta tierra es tuya». Creen que es un sueño. Pero luego que hayan visto que otros están sacando productos de estas tierras dirán ellos también: «Voy a pedir mi tierra y voy a sembrar». Sobre todo ese es el amor que le tiene el pueblo a la tierra. Por lo regular toda la gente de eso se mantiene.

Serratos: Les parecía imposible ver realizado eso. No lo creen; dicen: «Tal vez mañana nos las quiten».

F. V.: Ya verán cómo el pueblo es el que manda, y que él va a ver quiénes son sus amigos.

E. Z.: El sabe si quieren que se las quiten las tierras. Él sabe por sí solo que tiene que defenderse. Pero primero lo matan que dejar la tierra.

F. V.: Nomás le toman sabor y después les damos el partido que se las quite. Nuestro pueblo nunca ha tenido justicia, ni siquiera libertad. Todos los terrenos principales los tienen los ricos, y él, el pobrecito encuerado, trabajando de sol a sol. Yo creo que en lo sucesivo va a ser otra vida y si no, no dejamos esos máussers que tenemos. Yo aquí juntito a la capital tengo 40,000 mausseritos y, unos 77 cañones y unos...

E. Z.: Está bueno.

F. V.: ... 16 000 000 de cartuchos, aparte del equipo, porque luego que vi que este hombre (por Carranza) era un bandido, me ocupé de comprar parque, y dije: con la voluntad de Dios y la ayuda de ustedes los del Sur; porque yo nunca los abandoné; todo el tiempo estuve comunicándome.

E. Z.: Estos c...; luego que ven tantito lugar, luego se quieren abrir paso, y se van al sol que nace. Al sol que nace se van mucho al c...; por eso a todos esos c... los he «quebrado»; yo no los consiento. En tantito que cambian y se van, ya con Carranza o ya con el de más allá. Todos son una punta de sinvergüenzas. Ya los quisiera ver en otros tiempos.

F. V.: Yo soy un hombre que no me gusta adular a nadie; pero usted bien sabe tanto tiempo que estuve yo pensando en ustedes.

E. Z.: Así nosotros. Los que han ido allá al Norte, de los muchos que han ido; estos muchachos Magaña y otras personas, que se han acercado ante usted, le habrán comunicado de que allá tenía yo esperanzas. Él es, decía yo, la única persona segura, y la guerra seguirá, porque lo que es aquí conmigo no arreglan nada y aquí seguiré hasta que no me muera yo y todos los que me acompañan.

F. V.: Pues sí, a ver esos que saben de gabinete qué...

E. Z. (hablando con Palafox): Hay que entreverarlos, de esos gruesos y de esos mansos también.

Se sirven unas copas de cognac. El general Villa suplica que le traigan agua. Entretanto, dice:

F. V.: Pues, hombre, hasta que me vine a encontrar con los verdaderos hombres del pueblo.

E. Z. (correspondiendo la alusión): Celebro que me haya encontrado con un hombre que de veras sabe luchar.

F. V.: ¿Sabe usted cuánto tiempo tengo yo de pelear? Hace 22 años que peleo yo con el Gobierno.

E. Z.: Pues yo también, desde la edad de 18 años.

El Gral. Zapata habla con el Gral. González Garza y otros de la hora de llegada: Yo les dije que entre doce y una, ¿verdad?

F. V. (ofreciendo al Gral. Zapata su vaso de agua): ¿Usted gusta de agua, mi general?

E. Z.: (cortésmente). No, tómele.

[...] El general Villa, después de haberle dado la bienvenida un orador cuyo nombre se escapa a la memoria, se puso de pie y dijo:

«Compañeros: Van ustedes a oír las palabras de un hombre inculto; pero los sentimientos que abriga mi corazón me dictan que ustedes oigan estas palabras que solo se van a relacionar con asuntos de la Patria. Es lo que abrigo en el corazón. Hace mucho tiempo que estamos en la esclavitud por la tiranía. Soy hijo del pueblo humilde, y a ese pueblo que representamos nosotros a ver si lo encarrilamos a la felicidad. Vivan ustedes seguros de que Francisco Villa no traicionará jamás a ese pueblo que han tenido en la esclavitud. Y soy el primero en decir que para mí no quiero ningún puesto público sino nomás la felicidad de mi Patria, para que todos los mexicanos conscientes no se avergüencen de nosotros.

»Respecto a todos esos grandes terratenientes, estoy propuesto a secundar las ideas del Plan de Ayala, para que se recojan esas tierras y quede el pueblo posesionado de ellas. El pueblo que por tanto tiempo ha estado dando su trabajo, sin más preocupaciones esos terratenientes que tenernos en la esclavitud. Yo, como hombre del pueblo, ofrezco de una manera sincera que jamás traicionaré, que nunca traicionaremos su voluntad para que el pueblo no sufra.

»Cuando yo mire los destinos de mi país bien, seré el primero en retirarme, para que se vea que somos honrados, que hemos trabajado como hombres de veras del pueblo, que somos hombres de principios.

»Vengo, señores, para darles a ustedes el abrazo que me piden». [...]

Mientras tanto, los pequeño-burgueses encabezados por Gutiérrez y el resto de sus consejeros intentaron formar una nueva facción que cobrara independencia de Carranza, Villa y Zapata. Pero un oficial villista se enteró de sus planes e informó rápidamente a su jefe. Villa se encontraba peleando en el norte. Al enterarse, colmó ocho trenes con sus soldados y se dirigió rumbo a la capital. Cuando Gutiérrez supo que Villa estaba al tanto de sus viles maniobras, huyó y finalmente se rindió ante Carranza, quien lo amnistió.

Situación en las ciudades

Carranza intentaba reponerse del fracaso ante la unificación de las fuerzas campesinas. Durante su paso por la capital entendió que la población comenzaba a exigir soluciones y, en función de ello, dictó el 6 de enero de 1915 una Ley agraria, redactada por Luis Cabrera. La Ley retomaba las ideas que este último había expresado en un célebre discurso el 5 de diciembre de 1912 en la Cámara de Diputados sobre la restitución de los ejidos a los pueblos y también encontraba sus antecedentes en las modificaciones por decreto que Carranza había establecido al Plan de Guadalupe el 12 de diciembre de 1914. El texto de la Ley establecía que la restitución de las tierras a los pueblos debía hacerse en forma privada entre sus miembros, de lo que puede desprenderse que su objetivo era el fomento de la pequeña propiedad y no el restablecimiento de las tierras comunales. Carranza era consciente de las razones políticas que lo llevaban a promulgar esta Ley, pues necesitaba atraer a sus filas a la masa campesina que seguía a Villa y a Zapata. Solo así podría hacerle frente al programa agrarista del Plan de Ayala.

El constitucionalismo advirtió la necesidad de atacar a las fuerzas campesinas presentándose como los verdaderos revolucionarios que tomarían medidas de carácter social. En este sentido, invirtieron los términos reales del interés de clase en la formulación de principios. La ley agraria constitucionalista resultaba una propuesta concreta que el villismo nunca había logrado proponer y era más realista que la ley zapatista en su posibilidad de aplicación a escala nacional. Sin embargo, en la práctica la ley implicó el traspaso de tierras de la vieja oligarquía porfiriana a una nueva burguesía compuesta por los altos mandos del ejército constitucionalista.

El 5 de enero de 1915, Obregón tomó la ciudad de Puebla. Eulalio Gutiérrez huyó de la capital y la Convención quedó a cargo del villista Roque González Garza. El día 28, Obregón entró en la Ciudad de México por lo que el gobierno de la Convención debió entonces refugiarse en Cuernavaca. Los zapatistas habían demostrado su debilidad para encargarse de los problemas de la ciudad. Su hombre, Manuel Palafox, había concentrado sus esfuerzos en resolver la cuestión agraria. En cambio, Obregón aprovechó su paso por la ciudad para dedicarse a sumar nuevos aliados y fortalecer su posición política y engrosar las filas del ahora llamado Ejército de Operaciones. Para ello, se dio la tarea de atender las demandas sociales de los sectores más afectados por la escasez. Apoyado en la estructura sindical repartió víveres y ropa, mientras —con gran astucia política— hizo pagar el costo de estas medidas a los sectores más acomodados y al clero por medio de contribuciones forzosas.

La política social de Obregón le sirvió de plataforma para alcanzar un acuerdo con la Casa del Obrero Mundial. A través de ese pacto los obreros se sumaron al Ejército de Operaciones para luchar contra Villa. La situación en la capital era acuciante por la falta de recursos. Las permanentes tomas de la ciudad por parte de los distintos ejércitos llevaron a su incomunicación con las zonas de abastecimiento. Por otro lado, seguramente influyó también que los trabajadores conocían el decreto del 12 de diciembre de 1914 en el que se habían incluido reclamos obreros.

El pacto que formó los seis batallones rojos para combatir contra Villa se firmó el 17 de febrero de 1915 en Veracruz. El primero, estaba compuesto por obreros de la Maestranza Nacional de Artillería; el segundo, por la Federación de Obreros y Empleados de la Compañía de Tranvías y otros gremios; el tercero y el cuarto, fueron compuestos por obreros de la industria de tejidos e hilados, ebanistas, canteros, pintores, sastres y conductores de carruajes de alquiler y, por último, el quinto y el sexto, formados por obreros albañiles, tipógrafos, mecánicos y metalúrgicos. Se repartieron a las órdenes de distintos generales y salieron a luchar contra el campesinado.

El 10 de marzo de 1915, Obregón partió con su Ejército de Operaciones hacia al centro del país con el objetivo de destruir a la principal fuerza militar campesina, la División del Norte.

Constitución
de 1917

Obregón contra Villa

Obregón decidió no dividir sus fuerzas y concentrar su ataque sobre el ejército villista. Para enfrentar al zapatismo se requerían otras herramientas, políticas y sociales, destinadas a corroer su base social de apoyo. Además, debido a las características del ejército zapatista combatir en el sur era empantanarse en una guerra de guerrillas en la que todos los ejércitos anteriores habían fracasado. El 4 de abril de 1915, el ejército de Obregón tomó la ciudad de Celaya y allí se apostó a esperar que la División del Norte avanzara en su ataque.

La División del Norte debió entonces planificar la resistencia. Fue en ese momento cuando surgieron las primeras diferencias de táctica entre Villa y Ángeles. Este último que tenía una visión nacional del conflicto y pensaba que la mejor opción era un repliegue táctico a fin de acumular fuerzas en la zona petrolera de Tampico. Pero Villa no veía esta necesidad y consideraba que lo mejor era enfrentar a Obregón en el centro, allí dónde este último le ofrecía batalla.

Fue en las cuatro grandes batallas del Bajío donde la División del Norte encontró su derrota. La primera batalla tuvo como escenario la población de Celaya durante los días 6 y 7 de abril. La segunda, se extendió durante los días 13, 14 y 15 en el mismo lugar. La tercera fue en Trinidad desde el 29 de abril hasta el 5 de junio, batalla en la que Obregón perdió su brazo derecho. Y por último, la cuarta batalla tuvo lugar del 6 al 10 de julio en las cercanías de Aguascalientes. El glorioso ejército villista quedó diezmado y ya no pudo recuperarse.

A partir de allí, comenzó el repliegue sostenido de la División del Norte hasta que se produjo el alejamiento entre Villa y Ángeles. Villa solo quedaría en condiciones de enfrentar al carrancismo desde sus antiguas formaciones guerrilleras, hostigando sistemáticamente pero sin la fuerza del ejército regular que supo ser la División de Norte. La debilidad irá en ascenso a la par que la derrota será cada vez más definitiva. A medida que Obregón ocupaba los territorios anteriormente en manos de Villa, las deserciones iban en aumento. En diciembre de 1915, casi la totalidad del norte del país se encontraba en manos de los constitucionalistas. Dadas las circunstancias, Villa dio libertad a sus generales para rendirse y aceptar la amnistía que les ofrecía el gobierno, mientras él se decidía a continuar la lucha desde las montañas.

El enfrentamiento entre Villa y el ejército constitucionalista transcurrió durante casi todo el año 1915. El gobierno norteamericano reconoció al gobierno de Carranza el 19 de octubre de ese año. Impuso un embargo de armas, en particular al villismo y permitió que los constitucionalistas circularan por su territorio en búsqueda de Villa. El jefe campesino respondió el 10 de enero de 1916 ordenando a dos de sus jefes, Rafael Castro y Pablo López, interceptar un tren que iba de Ciudad Juárez a Chihuahua y fusilar a quince norteamericanos que estaban en la formación. El hecho suscitó un reclamo enérgico por parte de Estados Unidos. Dos meses después Pancho Villa y sus hombres asaltaron el poblado norteamericano de Columbus. Esta fue —hasta el día de hoy— la única invasión que han sufrido los estadounidenses en su propio territorio.

Frente a la amenaza constante de las partidas villistas, Carranza entró en tratos con las autoridades norteamericanas para «reglamentar» la entrada y salida —de un lado y otro de la frontera— de soldados que estuvieran en busca de «bandidos asaltantes». El gobierno estadounidense no esperó la firma de ningún acuerdo y ordenó realizar operaciones en territorio mexicano a una poderosa columna al mando del general Pershing, quien se internó en el estado de Chihuahua en busca de Villa. A esta tercera invasión norteamericana se la conoció como «expedición punitiva». El 6 de febrero de 1917 los soldados de Pershing abandonaron el suelo mexicano luego de ver fracasada su misión.

A pesar de la derrota definitiva que la División del Norte sufrió en 1915, su lucha no fue en vano. El hostigamiento del ejército villista obligó a Carranza a impulsar la aplicación de medidas de carácter social que sin la presión de Villa jamás hubiese realizado.

González contra Zapata

Luego de que Obregón abandonara la capital el 10 de febrero de 1915 para ir tras la División del Norte, la ciudad fue nuevamente ocupada por los zapatistas. El 10 de junio, fue reemplazado al mando de la Convención el villista Roque González Garza por Francisco Lagos Cházaro. Este período de gobierno permitió que los zapatistas impulsaran una serie de reformas económicas, sociales y políticas tendientes a solucionar la miseria en que se encontraba la inmensa mayoría de la población. Pero lamentablemente el territorio controlado por la Convención era cada vez menor y muchas de estas resoluciones no pudieron ser efectivamente llevadas a la práctica.

Para mediados del mes de junio los constitucionalistas estaban otra vez en las cercanías de la capital lo que obligó al gobierno de la Convención a trasladarse a la ciudad de Toluca. El 2 de agosto Pablo González tomó la capital en su poder, esta vez en forma definitiva.

El 10 de octubre, la Convención se dividió en Toluca. Los villistas partieron al norte y los zapatistas al sur. Entre los sureños comenzaron a manifestarse tres tendencias internas, a la izquierda Manuel Palafox, en el centro Antonio Díaz Soto y Gama y, como expresión de un ala más conciliadora, Giraldo Magaña.

En el mes de noviembre, Carranza anunció una campaña para terminar con el zapatismo. En el marco del retroceso de las fuerzas campesinas la noticia provocó un aumento de las defecciones y de las denuncias de traición. Sin embargo, la vieja guardia zapatista respondió con firmeza y Genovevo de la O obligó en numerosas ocasiones retroceder al enemigo y refugiarse en la zona de Acapulco.

La Comuna zapatista

Luego del fracaso del gobierno de la Convención, las fuerzas campesinas se replegaron hacia sus territorios. Obregón inició su plan de ofensiva hacia el norte para lo que concentró sus fuerzas en ese eje. Fue por ello que, mientras el ejército de operaciones se enfrentaba a Villa, el sur quedó parcialmente liberado. Este hecho posibilitó que las fuerzas zapatistas avanzaran en una profunda transformación de los principales resortes económicos del estado de Morelos.

Apelando a sus tradiciones comunales, los campesinos expropiaron ingenios sin indemnización y los nacionalizaron. Eliminaron los latifundios y las plantaciones quedaron bajo el control de los trabajadores rurales en dirección conjunta con los jefes milicianos. Esta experiencia encontraba sus raíces en el imaginario de trabajo comunitario, cuya puesta en práctica a comienzos del siglo XX adquirió en su dinámica un carácter anticapitalista. Los campesinos no se organizaron unidos por el interés particular de conseguir la propiedad individual de la tierra, sino que desde hacía muchos años la resistencia y la lucha habían tomado una forma colectiva. Su objetivo era el establecimiento de la propiedad social pues las tierras comunales eran de todo el pueblo.

Los zapatistas ocuparon la Secretaría de Agricultura del gobierno de la Convención. Su hombre fuerte, Manuel Palafox, contaba tan solo con 29 años y fue uno de los más radicales defensores de la reforma agraria planteada en el Plan de Ayala y de sus contenidos más socialistas. En diciembre de 1914, el flamante secretario fundó el Banco Nacional de Crédito Rural y dispuso el establecimiento de escuelas regionales de agricultura y de una fábrica nacional de herramientas agrícolas. Abrió una oficina para el reparto de tierras que atendió reclamos de otras regiones como Hidalgo y Guanajuato. Se crearon comisiones agrarias integradas por estudiantes de la escuela nacional de agricultura encargadas de aplicar las divisiones de los terrenos reclamados. Estas comisiones llevaron adelante un increíble trabajo en conjunto con los pueblos. En el reparto de la tierra se tenía en cuenta la asignación de zonas para cultivo, bosques y agua. Todas las resoluciones eran discutidas con los pueblos, especialmente en aquellos casos donde podrían existir conflictos entre dos poblaciones.

Además del reparto y la restitución de tierras se pusieron en funcionamiento ingenios y destilerías. El criterio que guió su puesta en marcha fue el control centralizado —como en el caso de una empresa estatal— y los beneficios obtenidos de su producción se destinaban a solventar los gastos de guerra y la ayuda a las viudas de los soldados. Paralelamente, el gobierno desde la Secretaría de Agricultura organizó una importante política de difusión de nuevas estrategias en materia agraria, fundamentalmente intentó que los campesinos que regresaban a trabajar sus tierras recuperadas no cultivaran únicamente productos de fácil venta en los mercados locales, sino que renovaran sus cultivos en función también de los ingenios, con el objetivo de establecer una producción planificada.

El 28 de octubre de 1915, Palafox sancionó una Ley agraria que legalizó todas las reformas que se venían llevando adelante en Morelos. En ella se respetaban las costumbres de cada lugar, se establecía de manera local la forma de propiedad que tomaría el reparto, ya fuera de propiedad común o subdivida en parcelas individuales, aunque el Estado mantenía ciertas atribuciones con el objetivo de impedir la venta o alquiler de tierras promovidos por estafadores. Asimismo, las tierras confiscadas que no fueran reclamadas por los pueblos quedarían a disposición del secretario Palafox para su expropiación y utilización en beneficio público.

El historiador Adolfo Gilly explica en su libro *La revolución interrumpida* el significado de esta ley:

> No es un texto socialista, sino jacobino. Su texto, sin embargo, da sanción legal a la dinámica anticapitalista de la guerra campesina mexicana. En ella se combinan la *dictadura revolucionaria pequeñoburguesa* por arriba, la *iniciativa de las masas* desde abajo a través de sus organismos (las municipalidades de los pueblos) y la proscripción de los enemigos de la revolución, a través de los cuales se introduce la *expropiación sin pago*. En consecuencia, de la combinación de los tres factores surge una *dinámica socialista* que extiende el significado originario del Plan de Ayala.

Desde el año 1913 los pueblos de Morelos elegían sus propias autoridades. Luego de que los hacendados se alejaran del estado escapando de la Revolución, los campesinos apelaron a su larga tradición de organización en consejos comunales y desarrollaron una estructura de gobierno orientada a fomentar la participación de los habitantes en las discusiones sobre los asuntos comunes.

Aunque el poder de la Convención estaba casi disuelto y el sur se encontraba prácticamente aislado, los campesinos zapatistas dieron curso a una verdadera transformación social. Para ello habían luchado y ahora estaban cosechando sus frutos.

Triunfo de Carranza

Una vez que fue derrotada la División del Norte y que los zapatistas quedaron confinados al estado de Morelos, Carranza no necesitó más del apoyo de los sectores obreros. Nuevamente fortalecido y con el país bajo su control comenzó el embate contra los sindicatos. Los obreros respondieron entonces con una huelga general, lanzada el 31 de julio de 1916, que se extendió por tres días.

Durante el tiempo que duró la alianza con Obregón los sindicatos habían crecido de manera significativa a lo largo del país. Obregón utilizaba las estructuras de los sindicatos para realizar acciones sociales y de esta manera mantener el control de las ciudades que quedaban en su retaguardia. Por su parte, los sindicatos le arrancaban concesiones como el establecimiento de un salario mínimo. En octubre de 1915, el gobierno de Carranza hizo entrega a la Casa del Obrero Mundial del edificio que había sido el Jockey Club, emblema de la oligarquía porfiriana. El juego de negociaciones abierto por Obregón elevó el nivel de la protesta obrera para obtener mayores reivindicaciones.

A comienzos de 1916 y una vez que la División del Norte estaba destruida, Carranza decretó el licenciamiento de los batallones rojos. Al mismo tiempo, ordenó a Pablo González el desalojo por la fuerza del edificio del Jockey Club. Este hecho violento marcó el fin de la política conciliadora de Carranza con el movimiento obrero. La ofensiva contra los trabajadores se aceleró estrepitosamente y luego de la huelga de los electricistas del 31 de julio, Carranza firmó un decreto que imponía la pena de muerte para los huelguistas. El fracaso de la medida de lucha terminó por destruir la Casa del Obrero Mundial que finalmente se disolvió. Recién en mayo de 1918, en ocasión del Congreso Obrero Nacional de Saltillo, se creará la Confederación Regional Obrera Mexicana (CROM), primera central obrera de alcance nacional, que desde su nacimiento estará estrechamente vinculada a la política de Obregón.

En el mes de mayo de 1916, las tropas de González lograron tomar la ciudad de Cuernavaca. Una vez apostados allí, el general más inepto de todo el ejército federal se preparó para masacrar a la población utilizando los mismos métodos de Juvencio Robles. Sin embargo y con la tenacidad de un pueblo que defiende sus conquistas, a partir del mes de julio los guerrilleros zapatistas comenzaron nuevamente a reorganizarse en las montañas.

Para el mes de noviembre de 1916 los zapatistas ensayaban una nueva forma de organización política de sus fuerzas. Estaban conscientes de la necesidad de fortalecer el movimiento y lanzaron el «centro de consulta para la propaganda y la unificación revolucionaria», impulsado por Soto y Gama, Palafox, Montaño y los hermanos Giraldo y Rodolfo Magaña.

Pero el retroceso de las fuerzas campesinas impactó de manera constante en la organización y a medida que aumentó el aislamiento se intensificó la lucha de facciones. El ala izquierda del movimiento comenzó a perder terreno lo que se reflejó en la caída de la figura de Palafox y el ascenso de Soto y Gama, quien a su vez comenzó a acercarse a Magaña.

Las intrigas crecían al interior del movimiento. En el mes de marzo de 1917 un jefe zapatista, Lorenzo Vázquez, se rebeló y entró en negociaciones directas con Carranza. Luego de este episodio algunos prisioneros vincularon a Montaño con lo sucedido. Montaño se declaró inocente de todas las acusaciones, pero Zapata —presionado por sus consejeros— admitió la realización de un juicio. En el mes de mayo, un tribunal revolucionario condenó a Montaño a muerte por traidor. Zapata ya no podrá reponerse del fusilamiento de Montaño ni del asesinato de su hermano Eufemio un año después durante un enfrentamiento con sus propios hombres.

Como si fuera el último aliento de la Revolución, en diciembre de 1916 Villa tomó el control de la ciudad de Torreón y González debió abandonar Morelos. Pero Carranza —retomando la iniciativa política— convocó a un Congreso Constituyente dispuesto a cristalizar en un marco institucional burgués los deseos de cambio que la Revolución había gestado.

En el mes de marzo de 1917, Carranza ganó las elecciones presidenciales y en el mes de mayo asumió también la Secretaría de Guerra tras el retiro de Obregón. El alejamiento del sonorense se mantendrá hasta 1920, cuando se postulará como candidato a las elecciones presidenciales con el apoyo de la oficialidad del ejército y en oposición a Carranza.

Los zapatistas se encontraban acorralados y debilitados por lo que los planteos conciliadores de Magaña fueron ganando terreno. A mediados de julio, el propio Magaña intentó entrar en negociaciones con el carrancismo. En el mes de septiembre de 1917, lanzaron un manifiesto que reflejó dicho corrimiento, su texto dejó relegada la histórica bandera del Plan de Ayala. En mayo de 1918 fue la crisis definitiva de Palafox.

Hacia finales de año, Pablo González volvió a la ofensiva en el sur mientras la epidemia de influenza azotaba a la región. A comienzos del siguiente año, ocupó Morelos y Zapata se vio obligado a regresar a las montañas. En el mes de marzo, González apeló a la emboscada para atrapar a Zapata. Uno de sus coroneles, Jesús Guajardo, fingió un conflicto con los constitucionalistas para atraer la atención del jefe sureño. Zapata que se encontraba con escasez de hombres decidió entrar en conversaciones y para probar su lealtad lo sometió a una serie de pruebas de confianza que Guajardo cumplió. Finalmente, una vez que Emiliano se convenció de que Guajardo estaba alejado de González, arreglaron encontrarse el 10 de abril en la Hacienda Chinameca. Allí se presentó Zapata con unos pocos hombres. Al cruzar la entrada fue recibido con disparos de fusil hasta que su cuerpo quedó sin vida.

Desde el cobarde asesinato de Zapata el movimiento sufrió una crisis terminal. El 4 de septiembre de 1919, los jefes zapatistas designaron a Giraldo Magaña su sucesor.

Cuando en octubre y noviembre del mismo año resurgió el conflicto entre el gobierno de Carranza y el de Estados Unidos, Magaña se reunió con Carranza a instancias de Lucio Blanco —incorporado poco antes al carrancismo— para ofrecerle la rendición a cambio de garantías.

A fines de 1919 y principios de 1920 muchas tierras e ingenios en Morelos fueron entregados nuevamente a los terratenientes. La población del estado se había reducido a la mitad de la que había en 1910.

Luego de la expedición punitiva, Villa había continuado una guerra de guerrillas contra el gobierno de Carranza. A falta de programa hizo suyo el de la Alianza Liberal Mexicana en la que estaba su antiguo compañero Felipe Ángeles. La Alianza expresaba posiciones de la derecha conservadora y la bandera que levantaban era la del retorno a la Constitución liberal de 1857. En diciembre de 1918 Ángeles regresó a México para unirse a Villa. Lograron reunirse en enero de 1919 y allí decidieron organizar un ejército regular, el Ejército Reconstructor Nacional. En el mes de abril, tomaron en su poder Ciudad Juárez. Para sorpresa de Ángeles, Estados Unidos intervino en favor de Carranza. Luego de la derrota, Villa y Ángeles se separaron con la promesa de un pronto reencuentro que nunca sucederá. El 15 de noviembre, Ángeles fue hecho prisionero por el gobierno de Carranza y el 26 del mismo mes fue fusilado.

La Constitución de 1917. La Revolución congelada

En septiembre de 1916 Carranza llamó a un Congreso Constituyente que finalmente se inauguró el 21 de noviembre en la ciudad de Querétaro. Era una convocatoria para reformar la Constitución de 1857 y estaba destinada a establecer y cristalizar un nuevo orden. Para ello, Carranza presentó un proyecto que suscitó enconadas discusiones con el ala radical del constitucionalismo, cuyo principal referente fue Francisco José Múgica. Este aspiraba a incorporar las demandas sociales de los sectores más postergados e impulsaba la realización de reformas tendientes a garantizar el funcionamiento democrático del Estado y sus instituciones, la educación estatal, la promulgación de una legislación protectora de las modificaciones realizadas en la propiedad de la tierra, desde la restitución de los ejidos a la liquidación de los latifundios, la nacionalización de las riquezas del subsuelo y el resguardo a los derechos del trabajador, como el salario mínimo y el derecho de huelga.

Las modificaciones promovidas por el ala radical en la nueva Constitución fueron reflejadas en el Artículo 3 sobre la educación, el Artículo 27 sobre la tierra y la propiedad nacional del subsuelo, el Artículo 12 sobre los derechos de los trabajadores y el Artículo 130 sobre la secularización de los bienes de la Iglesia. Los postulados alcanzados en esta nueva Constitución la colocaron entre las más avanzadas del mundo. Fue proclamada el 5 de febrero de 1917. Su sanción fue arrancada por los sectores populares a la triunfante burguesía en medio del descenso de la lucha de masas y del pleno retroceso de los ejércitos campesinos. Cada uno de los artículos mencionados respondía a los intereses de un pueblo que había luchado durante siete años, y que en medio de la guerra, el hambre y las epidemias había dejado un millón de muertos por ver cumplidos sus sueños de una vida mejor. La insurrección nacional marcó una huella imborrable en la conciencia de los hombres y mujeres mexicanos y expresó en esta misma Constitución el carácter nacional, popular y antiimperialista de la Revolución Mexicana.

A mediados de 1919, Obregón lanzó su campaña presidencial. Pero Carranza se opuso y decidió impulsar desde el oficialismo un candidato civil, el ingeniero Ignacio Bonillas. Este hecho le otorgó a Obregón el apoyo de la oficialidad del ejército que veía sus privilegios amenazados. Apoyado en el sur por los zapatistas encabezados por Magaña, el 23 de abril de 1920, Obregón lanzó el Plan de Agua Prieta para derribar a Carranza. El 7 de mayo, Carranza huyó de la capital hacia Veracruz. El 21 del mismo mes morirá asesinado a traición por sus propios hombres. El 24 de mayo, el Congreso nombró presidente provisional a Adolfo de la Huerta, un representante de la burguesía sonorense, que había respaldado el Plan de Agua Prieta. De la Huerta intentó negociar con Villa, el único jefe campesino de la Revolución que aún continuaba vivo y podía representar una amenaza, hasta que finalmente obtuvo su retiro en el mes de julio. Villa trabajó durante tres años en su hacienda en Canutillo hasta que fue asesinado en la población del Parral el 20 de julio de 1923. En el mes de diciembre, Obregón ganará las elecciones presidenciales y permanecerá en el poder hasta a 1924. Luego entregará el mando a Plutarco Elías Calles, quien fuera otro de sus aliados en el Plan de Agua Prieta, y que gobernará hasta 1928. En ese mismo año, Obregón ganará nuevamente las elecciones, pero será asesinado durante la celebración de su triunfo.

El legado
de la Revolución
Mexicana

La Revolución Mexicana inauguró el comienzo de una nueva época de revoluciones. Fue el primer ensayo de lo que luego serían las revoluciones socialistas del siglo XX. Por este motivo, no contaron con una experiencia anterior que pudiera servirles de guía. En su punto más alto, la Revolución Mexicana había quedado aislada ante un mundo que asistía a los comienzos de la primera guerra mundial por la que las grandes potencias definían un nuevo reparto del mundo.

En octubre de 1917 triunfará la Revolución Rusa, la primera revolución socialista de la historia. Este hecho dará un nuevo impulso a las organizaciones de los pobres y oprimidos del mundo para los que el socialismo será un horizonte próximo a alcanzar. Pero en México tras largos años de guerra revolucionaria había comenzado ya el reflujo de las masas. Solo la «república social» gestada por los zapatistas de Morelos era la única expresión en pie que intentaba trascender los límites del sistema capitalista. La lucha de los sureños no tenía como horizonte el socialismo; pero su corrimiento hacia la izquierda se fue profundizando a medida que la Revolución avanzaba. Al paso que la organización maduraba se definieron y afirmaron aún más los principios que la sostenían. Los zapatistas se habían preocupado, más que ninguna otra fuerza, por la difusión de su lucha. El general Jenaro Amezcua, quien había firmado la Ley Agraria de octubre de 1915, fue uno de los responsables de buscar apoyo en el exterior. En uno de sus intercambios epistolares con el general Emiliano Zapata quedó registrado el testimonio más fiel de la hermandad que los zapatistas pregonaban entre los pobres del mundo en su lucha contra el poder capitalista. La carta firmada por Zapata fue publicada en el diario *El Mundo* de La Habana, en mayo de 1918, y en ella el jefe sureño trazó el paralelo ineluctable que existe entre la Revolución Mexicana y la Revolución Rusa y que las ubica a ambas en el mismo lado de la contienda. Reproducimos aquí parte de su contenido:

> Mucho ganaríamos, mucho ganaría la humanidad y la justicia, si todos los pueblos de América y todas las naciones de la vieja Europa comprendiesen que la causa del México Revolucionario y la causa de Rusia son y representan la causa de la humanidad, el interés supremo de todos los pueblos oprimidos. [...]
>
> Aquí como allá, hay grandes señores, inhumanos, codiciosos y crueles que de padres a hijos han venido explotando hasta la tortura a grandes masas de campesinos. Y aquí como allá los hombres esclavizados, los hombres de conciencia dormida, empiezan a despertar, a sacudirse, a agitarse, a castigar.
>
> Mr. Wilson, presidente de los Estados Unidos, ha tenido razón al rendir homenaje, en ocasión reciente, a la Revolución rusa, calificándola de noble esfuerzo por la consecución de las libertades, y solo sería de desear que a este propósito recordase y tuviese muy en cuenta la visible analogía, el marcado paralelismo, la absoluta paridad, mejor dicho, que existe entre ese movimiento y la revolución agraria de México. Uno y otro van dirigidos contra lo que León Tolstoi llamara «el gran crimen», contra la infame usurpación de la tierra, que siendo propiedad de todos, como el agua y como el aire, ha sido monopolizada por unos cuantos poderosos, apoyados por la fuerza de los ejércitos y por la iniquidad de las leyes.
>
> No es de extrañar, por lo mismo, que el proletariado mundial aplauda y admire la Revolución rusa, del mismo modo que otorgará toda su adhesión, su simpatía y su apoyo a esta Revolución Mexicana, al darse cabal cuenta de sus fines.

[...] Por eso es tan interesante la labor de difusión y de propaganda emprendida por ustedes en pro de la verdad; por eso deberán acudir a todos los centros y agrupaciones obreras del mundo, para hacerles sentir su imperiosa necesidad de acometer a la vez y de realizar juntamente las dos empresas: educar al obrero para la lucha y formar la conciencia del campesino. Es preciso no olvidar que en virtud y por efecto de la solidaridad del proletariado, la emancipación del obrero no puede lograrse si no se realiza a la vez la libertad del campesino.

De no ser así, la burguesía podrá poner estas dos fuerzas la una frente a la otra, y aprovecharse, v. gr., de la ignorancia de los campesinos para combatir y refrenar los justos impulsos de los trabajadores del mismo modo que si el caso se ofrece, podrá utilizar a los obreros poco concientes y lanzarlos contra sus hermanos del campo.

La carta es sin duda uno de los documentos más importantes que firmó Emiliano Zapata. Escrita un año antes de su muerte cuando la Revolución y la vida de la comuna morelense se encontraban extremadamente débiles, es el reflejo y el símbolo de su lucha inclaudicable y de todos los jefes campesinos que lo acompañaron hasta el final de su vida.

La Revolución Mexicana fue la antesala de las grandes revoluciones del siglo XX. Fue la primera experiencia revolucionaria en América Latina que llevó a los campesinos al poder. Pero las fuerzas campesinas mexicanas encontraron el límite que su propio horizonte de clase imponía. Un movimiento en esencia localista no podía trascender sus fronteras sin la alianza con los sectores obreros y urbanos. Al no encontrar las condiciones de posibilidad para que el campesinado pudiera transformarse en la dirección nacional de una revolución socialista, la Revolución quedó congelada.

Sin embargo, nos dejaron una lección inolvidable y es que cuando las clases populares se proponen un cambio radical y dirigir el timón de la historia, pueden tomar el poder. Nos enseñaron sobre los obstáculos para garantizar la continuidad del proceso de transformaciones sociales, económicas y políticas luego de derribado el gobierno burgués. Es decir, el desafío de construir una hegemonía duradera y prolongada de las clases subalternas sobre el conjunto de la sociedad. El movimiento campesino, el más radical en sus métodos y propuestas concretas, carecía de una perspectiva nacional y cuando logró en diciembre de 1914 y enero de 1915 tomar el Palacio Nacional esa limitación quedó al desnudo. Ante la dificultad para construir su propia intelectualidad orgánica, debieron por necesidad apelar a cuadros intelectuales tradicionales de la pequeño-burguesía que muchas veces terminaron desviando las energías revolucionarias o bien traicionando directamente.

Pero más allá de la derrota del proceso revolucionario en su expresión más radical, la Revolución había transformado la estructura de la sociedad mexicana y la oligarquía porfiriana no pudo recuperarse del golpe. El país anterior a 1910 había sido destruido y, si bien el camino al socialismo no fue un horizonte posible, la burguesía tuvo que conceder al campesinado gran parte de sus demandas para mantener el equilibrio político y garantizar su poder.

La Revolución Mexicana impactó de manera contundente en las luchas de toda América Latina y su experiencia potenció en diversos países la creación de organizaciones campesinas y obreras, de partidos políticos socialistas, el surgimiento de movimientos nacionalistas y antiimperialistas, de movimientos anarquistas, movimientos indigenistas e inspiró a los precursores del pensamiento marxista latinoamericano como José Carlos Mariátegui.

La Revolución Mexicana no ha muerto y aún vive en las resistencias de los pueblos latinoamericanos. Su experiencia está grabada en la memoria de los que pelean día a día por un mundo nuevo. Debemos rescatar su mejor tradición de lucha, su ejemplo de integridad, fortaleza y dignidad. Seguir el modelo de los hombres y mujeres que no se resignaron a una vida de miseria y opresión. Debemos recuperar nuestra mirada crítica, la de los de abajo, con un sentido transformador. En las profundas raíces de nuestra historia debemos encontrar el camino que iniciaron hace un siglo atrás los revolucionarios mexicanos hacia la construcción de una patria grande, latinoamericana y socialista.

Anexos

Plan de San Luis

Por Francisco Madero
San Luis Potosí, 5 de octubre 1910

Manifiesto a la nación

Los pueblos, en su esfuerzo constante por que triunfen los ideales de libertad y justicia, se ven precisados en determinados momentos históricos a realizar los mayores sacrificios.

Nuestra querida patria ha llegado a uno de esos momentos: una tiranía que los mexicanos no estábamos acostumbrados a sufrir, desde que conquistamos nuestra independencia, nos oprime de tal manera, que ha llegado a hacerse intolerable.

En cambio de esa tiranía se nos ofrece la paz, pero es una paz vergonzosa para el Pueblo Mexicano, porque no tiene por base el derecho, sino la fuerza; porque no tiene por objeto el engrandecimiento y prosperidad de la patria, sino enriquecer a un pequeño grupo que, abusando de su influencia, ha convertido los puestos públicos en fuente de beneficios exclusivamente personales, explotando sin escrúpulos todas las concesiones y contratos lucrativos.

Tanto el Poder Legislativo como el Judicial están completamente supeditados al Ejecutivo; la división de los Poderes, la soberanía de los Estados, la libertad de los Ayuntamientos y los derechos del ciudadano, solo existen escritos en nuestra Carta Magna; pero de hecho, en México casi puede decirse que reina constantemente la Ley Marcial; la justicia en vez de impartir su protección al débil, solo sirve para legalizar los despojos que comete el fuerte; los jueces, en vez de ser los representantes de la Justicia, son agentes del Ejecutivo, cuyos intereses sirven fielmente; las Cámaras de la Unión no tienen otra voluntad que la del Dictador; los Gobernadores de los Estados son designados por él y ellos a su vez designan e imponen de igual manera las autoridades municipales.

De esto resulta que todo el engranaje administrativo, judicial y legislativo obedece a una sola voluntad, al capricho del General Porfirio Díaz, quien en su larga administración ha demostrado que el principal móvil que lo guía es mantenerse en el poder a toda costa.

Hace muchos años se siente en toda la República profundo malestar, debido a tal régimen de Gobierno, pero el General Díaz, con gran astucia y perseverancia, había logrado aniquilar todos los elementos independientes, de manera que no era posible organizar ninguna clase de movimiento para quitarle el poder de que tan mal uso hacía.

El mal se agravaba constantemente, y el decidido empeño del General Díaz de imponer a la Nación un sucesor y siendo este el Sr. Ramón Corral, llevó ese mal a su colmo y determinó que muchos mexicanos, aunque carentes de reconocida personalidad política puesto que había sido imposible labrársela durante 36 años de dictadura, nos lanzásemos a la lucha intentando reconquistar la soberanía del pueblo y sus derechos en el terreno netamente democrático.

Entre otros partidos que tendían al mismo fin, se organizó el Partido Nacional Antirreeleccionista proclamando los principios de SUFRAGIO EFECTIVO y NO REELECCION, como únicos capaces de salvar a la República del inminente peligro con que la amenaza la prolongación de una dictadura cada día más onerosa, más déspota y más inmoral.

El Pueblo Mexicano secundó eficazmente a ese partido y respondiendo al llamado que se le hizo, mandó sus representantes a una Convención, en la que también estuvo representado el Partido Nacionalista Democrático, que así mismo interpretaba los anhelos populares.

Dicha Convención designó sus candidatos para la Presidencia y Vice-Presidencia de la República, recayendo esos nombramientos en el Sr. Dr. Francisco Vázquez Gómez y en mí, para los cargos respectivos de Vice-Presidente y Presidente de la República.

Aunque nuestra situación era sumamente desventajosa porque nuestros adversarios contaban con todo el elemento oficial, en el que se apoyaban sin escrúpulos, creímos de nuestro deber, para mejor servir la causa del pueblo, aceptar tan honrosa designación.

Imitando las sabias costumbres de los países republicanos, recorrí parte de la República haciendo un llamamiento a mis compatriotas.

Mis jiras fueron verdaderas marchas triunfales, pues por doquiera el pueblo, electrizado con las palabras mágicas de Sufragio Efectivo y No Reelección, daba pruebas evidentes de su inquebrantable resolución de obtener el triunfo de tan salvadores principios.

Al fin, llegó un momento en que el General Díaz se dio cuenta de la verdadera situación de la República y comprendió que no podría luchar ventajosamente conmigo en el campo de la Democracia y me mandó reducir a prisión antes de las elecciones, las que se llevaron a cabo excluyendo al pueblo de los comicios por medio de la violencia, llenando las prisiones de ciudadanos independientes y cometiéndose los fraudes más desvergonzados.

En México, como República democrática, el poder público no puede tener otro origen ni otra base que la voluntad nacional y esta no puede ser supeditada a fórmulas llevadas a cabo de un modo fraudulento.

Por este motivo, el Pueblo Mexicano ha protestado contra la ilegalidad de las últimas elecciones, y queriendo emplear sucesivamente todos los recursos que ofrecen las leyes de la República, en la debida forma pidió la nulidad de las elecciones ante la Cámara de Diputados, a pesar de que no reconocía en dicho cuerpo un origen legítimo y de que sabía de antemano que no siendo sus miembros representantes del pueblo, solo acatarían la voluntad del General Díaz a quien exclusivamente deben su investidura.

En tal estado las cosas, el Pueblo, que es el único soberano, también protestó de un modo enérgico contra las elecciones, en imponentes manifestaciones llevadas a cabo en diversos puntos de la República, y si estas no se generalizaron en todo el territorio nacional, fue debido a la terrible presión ejercida por el gobierno, que siempre ahoga en sangre cualquier manifestación democrática, como pasó en Puebla, Veracruz, Tlaxcala, México y otras partes.

Pero esta situación violenta e ilegal no puede subsistir más.

Yo he comprendido muy bien que si el Pueblo me ha designado como su candidato para la Presidencia, no es porque haya tenido oportunidad de descubrir en mí las dotes del estadista o del gobernante, sino la virilidad del patriota resuelto a sacrificarse, si es preciso, con tal de conquistar la libertad y ayudar al pueblo a librarse de la odiosa tiranía que lo oprime.

Desde que me lancé a la lucha democrática sabía muy bien que el General Díaz no acataría la voluntad de la Nación, y el noble Pueblo Mexicano, al seguirme a los comicios, sabía también perfectamente el ultraje que le esperaba; pero a pesar de ello, el pueblo dio para la causa de la Libertad un numeroso contingente de mártires cuando estos eran necesarios, y con admirable estoicismo concurrió a las casillas a recibir toda clase de vejaciones.

Pero tal conducta era indispensable para demostrar al mundo entero que el Pueblo Mexicano está apto para la democracia, que está sediento de libertad y que sus actuales gobernantes no responden a sus aspiraciones.

Además la actitud del pueblo antes y durante las elecciones, así como después de ellas, demuestra claramente que rechaza con energía al gobierno del General Díaz y que si se hubieran respetado sus derechos electorales, hubiese sido yo el electo para Presidente de la República.

En tal virtud, y haciéndome eco de la voluntad nacional, declaro ilegales las pasadas elecciones y quedando por tal motivo la República sin gobernantes legítimos, asumo provisionalmente la Presidencia de la República, mientras el pueblo designa, conforme a la ley, sus gobernantes.

Para lograr este objeto es preciso arrojar del poder a los audaces usurpadores que por todo título de legalidad ostentan un fraude escandaloso e inmoral.

Con toda honradez declaro que consideraría una debilidad de mi parte y una traición al pueblo que en mí ha depositado su confianza, no ponerme al frente de mis conciudadanos, quienes ansiosamente me llaman, de todas partes del país, para obligar al General Díaz, por medio de las armas, a que respete la voluntad nacional.

El Gobierno actual, aunque tiene por origen la violencia y el fraude, desde el momento que ha sido tolerado por el Pueblo, puede tener para las naciones extranjeras ciertos títulos de legalidad hasta el 30 del mes entrante en que expiran poderes; pero como es necesario que el nuevo gobierno dimanado del último fraude, no pueda recibirse ya del poder, o por lo menos se encuentre con la mayor parte de la Nación protestando con las armas en la mano, contra esa usurpación, he designado el DOMINGO 20 del entrante Noviembre, para que de las seis de la tarde en adelante, todas las poblaciones de la República se levanten en armas bajo el siguiente

PLAN:

1ro.— Se declaran nulas las elecciones para Presidente y Vice-Presidente de la República, Magistrados a la Suprema Corte de Justicia de la Nación y Diputados y Senadores, celebradas en Junio y Julio del corriente año.

2do.— Se desconoce al actual gobierno del General Díaz, así como a todas las autoridades cuyo poder debe dimanar del voto popular, porque además de no haber sido electas por el pueblo, han perdido los pocos títulos que podían tener de legalidad, cometiendo y apoyando con los elementos que el pueblo puso a su disposición para la defensa de sus intereses, el fraude electoral más escandaloso que registra la historia de México.

3ro.— Para evitar hasta donde sea posible los trastornos inherentes a todo movimiento revolucionario, se declaran vigentes, a reserva de reformar oportunamente por los medios constitucionales, aquellas que requieran reforma, todas las leyes promulgadas por la actual administración y sus reglamentos respectivos, a excepción de aquellas que manifiestamente se hallen en pugna con los principios proclamados en este plan.

Igualmente se exceptúan las leyes, fallos de tribunales y decretos que hayan sancionado las cuentas y manejos de fondos de todos los funcionarios de la administración porfirista en todos sus ramos: pues tan pronto como la revolución triunfe se iniciará la formación de comisiones de investigación para dictaminar acerca de las responsabilidades en que hayan podido incurrir los funcionarios de la Federación, de los Estados, y de los Municipios.

En todo caso serán respetados los compromisos contraídos por la administración porfirista con gobiernos y corporaciones extranjeros antes del 20 del entrante.

Abusando de la ley de terrenos baldíos, numerosos pequeños propietarios, en su mayoría indígenas, han sido despojados de sus terrenos, ya por acuerdos de la Secretaría de Fomento, o por fallos de los tribunales de la república.

Siendo de toda justicia restituir a sus antiguos poseedores los terrenos de que se les despojó de un modo tan arbitrario, se declaran sujetos a revisión tales disposiciones y fallos y se exigirá a los que los adquirieron de un modo tan inmoral, o a sus herederos, que los restituyan a sus primitivos propietarios, a quienes pagarán también una indemnización por los perjuicios sufridos.

Solo en el caso de que esos terrenos hayan pasado a tercera persona antes de la promulgación de este plan, los antiguos propietarios recibirán indemnización de aquellos en cuyo beneficio se verificó el despojo.

4to.— Además de la Constitución y Leyes vigentes, se declara ley suprema de la República el principio de No-Reelección del Presidente y Vice-Presidente de la República, Gobernadores de los Estados y Presidentes Municipales, mientras se hagan las reformas constitucionales respectivas.

5to.— Asumo el carácter de Presidente Provisional de los Estados Unidos Mexicanos, con las facultades necesarias para hacer la guerra al Gobierno usurpador del General Díaz. Tan pronto como la capital de la República y más de la mitad de los Estados de la Federación estén en poder de las fuerzas del Pueblo, el Presidente Provisional convocará a elecciones generales extraordinarias para un mes después y entregará el poder al Presidente que resulte electo, tan pronto como sea conocido el resultado de la elección.

6to.— El Presidente Provisional antes de entregar el poder, dará cuenta al Congreso de la Unión del uso que haya hecho de las facultades que le confiere el presente plan.

7mo.— El día 20 del mes de Noviembre, de las seis de la tarde en adelante, todos los ciudadanos de la República tomarán las armas para arrojar del poder a las autoridades que actualmente la gobiernan.

(Los pueblos que estén retirados de las vías de comunicación lo harán desde la víspera).

8vo.— Cuando las autoridades presenten resistencia armada, se obligará por la fuerza de las armas a respetar la voluntad popular; pero en este caso las leyes de la guerra serán rigurosamente observadas, llamándose especialmente la atención sobre las prohibiciones relativas a no usar balas expansivas, ni fusilar a los prisioneros. También se llama la atención respecto al deber de todo mexicano de respetar a los extranjeros en sus personas e intereses.

9no.— Las autoridades que opongan resistencia a la realización de este plan, serán reducidos a prisión para que se les juzgue por los tribunales de la República cuando la revolución haya terminado. Tan pronto como cada ciudad o pueblo recobre su libertad, se reconocerá como autoridad legítima provisional, al principal Jefe de las armas, con facultad para delegar sus funciones en algún otro ciudadano caracterizado, quien será confirmado en su cargo o removido por el Gobernador Provisional.

Una de las primeras medidas del gobierno provisional será poner en libertad a todos los presos políticos.

10mo.— El nombramiento de Gobernador Provisional de cada Estado que haya sido ocupado por las fuerzas de la revolución, será hecho por el Presidente Provisional. Este Gobernador tendrá estricta obligación de convocar a elecciones para Gobernador Constitucional del Estado tan pronto como sea posible, a juicio del Presidente Provisional.

Se exceptúan de esta regla los Estados que de dos años a esta parte han sostenido campañas democráticas para cambiar de gobierno, pues en estos se considerará como Gobernador Provisional al que fue candidato del pueblo, siempre que se adhiera activamente a este plan.

En caso de que el Presidente Provisional no haya hecho el nombramiento de Gobernador, que este nombramiento no hubiera llegado a su destino o bien que el agraciado no aceptare por cualquier circunstancia, entonces el Gobernador será designado por votación entre todos los Jefes de las Armas que operen en el territorio del Estado respectivo, a reserva de que su nombramiento sea ratificado por el Presidente Provisional tan pronto como sea posible.

11ro.— Las nuevas autoridades dispondrán de todos los fondos que se encuentren en las oficinas públicas, para los gastos ordinarios de la administración y para los gastos de la guerra, llevando las cuentas con toda escrupulosidad. En caso de que esos fondos no sean suficientes para los gastos de la guerra, contratarán empréstitos, ya sean voluntarios o forzosos. Estos últimos solo con ciudadanos o instituciones nacionales.

De estos empréstitos se llevará también cuenta escrupulosa y se otorgarán recibos en debida forma a los interesados, a fin de que al triunfar la revolución se les restituya lo prestado.

Transitorio. A.— Los jefes de fuerzas voluntarias tomarán el grado que corresponda al número de fuerzas a su mando. En caso de operar fuerzas militares y voluntarias unidas, tendrá el mando de ellas el jefe de mayor graduación, pero en caso de que ambos jefes tengan el mismo grado, el mando será del jefe militar.

Los jefes civiles disfrutarán de dicho grado mientras dure la guerra, y una vez terminada, esos nombramientos, a solicitud de los interesados, se revisarán por la Secretaría de Guerra que los ratificará en su grado o los rechazará, según sus méritos.

B.— Todos los jefes, tanto civiles como militares, harán guardar a sus tropas la más estricta disciplina; pues ellos serán responsables ante el Gobierno Provisional de los desmanes que cometan las fuerzas a su mando, salvo que justifiquen no haberles sido posible contener a sus soldados y haber impuesto a los culpables el castigo merecido.

Las penas más severas serán aplicadas a los soldados que saqueen alguna población o que maten a prisioneros indefensos.

C.— Si las fuerzas y las autoridades que sostienen al General Díaz fusilan a los prisioneros de guerra, no por eso y como represalia se hará lo mismo con los de ellos que caigan en poder nuestro; pero en cambio, serán fusiladas dentro de las veinticuatro horas y después de un juicio sumario, las autoridades civiles o militares al servicio del General Díaz, que una vez estallada la revolución hayan ordenado, dispuesto en cualquier forma, transmitido la orden o fusilado a alguno de nuestros soldados.

De esta pena no se eximirán ni los más altos funcionarios; la única excepción será el General Díaz y sus ministros, a quienes en caso de ordenar dichos fusilamientos o permitirlos, se les aplicará la misma pena, pero después de haberlos juzgado por los tribunales de la República, cuando haya terminado la revolución.

En el caso de que el General Díaz disponga que sean respetadas las leyes de la guerra, y que se trate con humanidad a los prisioneros que caigan en sus manos, tendrá la vida salva, pero de todos modos deberá responder ante los tribunales de cómo ha manejado los caudales de la Nación y de cómo ha cumplido con la Ley.

D.— Como es requisito indispensable en las leyes de la guerra que las tropas beligerantes lleven algún uniforme o distintivo y como sería difícil uniformar a las numerosas fuerzas del pueblo que van a tomar parte en la contienda, se adoptará como distintivo de todas las fuerzas libertadoras, ya sean voluntarias o militares, un listón tricolor, en el tocado, o en el brazo.

Conciudadanos: Si os convoco para que toméis las armas y derroquéis al gobierno del General Díaz, no es solamente por el atentado que cometió durante las últimas elecciones, sino por salvar a la patria del porvenir sombrío que la espera continuando bajo su dictadura y bajo el gobierno de la nefanda oligarquía científica, que sin escrúpulos y a gran prisa están absorbiendo y dilapidando los recursos nacionales, y si permitimos que continúen en el poder, en un plazo muy breve habrán completado su obra: habrán llevado al pueblo a la ignominia y lo habrán envilecido; le habrán chupado todas sus riquezas y dejándolo en la más absoluta miseria; habrán causado la bancarrota de nuestras finanzas y la deshonra de nuestra patria, que débil, empobrecida y maniatada, se encontrará inerme para defender sus fronteras, su honor y sus instituciones.

Por lo que a mí respecta, tengo la conciencia tranquila y nadie podrá acusarme de promover la revolución por miras personales, pues está en la conciencia nacional que hice todo lo posible por llegar a un arreglo pacífico y estuve dispuesto hasta renunciar mi candidatura siempre que el General Díaz hubiese permitido a la Nación designar aunque fuese al Vice-Presidente de la República; pero dominado por incomprensible orgullo y por inaudita soberbia, desoyó la voz de la Patria y prefirió precipitarla en una revolución antes de ceder un ápice, antes de devolver al pueblo un átomo de sus derechos, antes de cumplir aunque fuese en las postrimerías de su vida, parte de las promesas que hizo en la Noria y Tuxtepec.

El mismo justificó la presente revolución cuando dijo: «Que ningún ciudadano se imponga y perpetúe en el ejercicio del poder y esta será la última revolución».

Si en el ánimo del General Díaz hubiesen pesado más los intereses de la Patria que los sórdidos intereses de él y de sus consejeros hubiera evitado esta revolución haciendo algunas concesiones al pueblo; pero ya que no lo hizo... ¡tanto mejor! El camino será más rápido y más radical, pues el pueblo mexicano en vez de lamentarse como un cobarde, aun cobarde, aceptará como un valiente el reto, y ya que el General Díaz pretende apoyarse en la fuerza bruta para imponerle un yugo ignominioso, el pueblo recurrirá a la misma fuerza para sacudir ese yugo, para arrojar a ese hombre funesto del poder y para reconquistar su libertad.

Conciudadanos: No vaciléis pues un momento: tomad las armas, arrojad del poder a los usurpadores, recobrad vuestros derechos de hombres libres y recordad que nuestros antepasados nos legaron una herencia de gloria que no podemos mancillar. Sed como ellos fueron: invencibles en la guerra, magnánimos en la victoria.

Sufragio efectivo. No reelección

Tierra

Por Ricardo Flores Magón

1ro. de octubre de 1910. Periódico *Regeneración*

Millones de seres humanos dirigen en estos momentos al cielo su triste mirada, con la esperanza de encontrar más allá de las estrellas que alcanzan a ver, ese algo que es el todo porque constituye el fin, forma el objeto del doloroso esfuerzo, del penoso batallar de la especie hombre desde que sus pasos vacilantes la pusieron un palmo adelante de las especies irracionales: ese algo es la felicidad. ¡La felicidad! «La felicidad no es de este mundo», dicen las religiones: «la felicidad está en el cielo, está más allá de la tumba». Y el rebaño humano levanta la vista, e ignorante de la ciencia del cielo, piensa que este está muy lejos cuando sus pies se apoyan precisamente en este astro, que con sus hermanos constituye la gloria y la grandeza del firmamento.

La tierra forma parte del cielo; la humanidad, por lo mismo, está en el cielo. No hay que levantar la vista con la esperanza de encontrar la felicidad detrás de esos astros que embellecen nuestras noches: la felicidad está aquí, en el astro Tierra, y no se conquista con rezos, no se consigue con oraciones, ni ruegos, ni humillaciones, ni llantos: hay que disputarla de pie y por la fuerza, porque los dioses de la tierra no son como los de las religiones: blandos a la oración y al ruego; los dioses de la tierra tienen soldados, tienen polizontes, tienen jueces, tienen verdugos, tienen presidios, tienen horcas, tienen leyes, todo lo cual constituye lo que se llama instituciones, montañas escarpadas que impiden a la humanidad alargar el brazo y apoderarse de la tierra, hacerla suya, someterla a su servicio, con lo que se haría de la felicidad el patrimonio de todos y no el privilegio exclusivo de los pocos que hoy la detentan.

La tierra es de todos. Cuando hace millones de millones de años no se desprendía aún la Tierra del grupo caótico que andando el tiempo había de dotar al firmamento de nuevos soles, y después, por el sucesivo enfriamiento de ellos, de planetas más o menos bien acondicionados para la vida orgánica, este planeta no tenía dueño. Tampoco tenía dueño la tierra cuando la humanidad hacía de cada viejo tronco del bosque o de cada caverna de la montaña una vivienda y un refugio contra la intemperie y contra las fieras.

Tampoco tenía dueño la tierra cuando más adelantada la humanidad en la dolorosa vía de su progreso llegó al periodo pastoril: donde había pastos, allí se estacionaba la tribu que poseía en común los ganados. El primer dueño apareció con el primer hombre que tuvo esclavos para labrar los campos, y para hacerse dueño de esos esclavos y de esos campos necesitó hacer uso de las armas y llevar la guerra a una tribu enemiga. Fue, pues, la violencia el origen de la propiedad territorial, y por la violencia se ha sostenido desde entonces hasta nuestros días.

Las invasiones, las guerras de conquista, las revoluciones políticas, las guerras para dominar mercados, los despojos llevados a cabo por los gobernantes o sus protegidos son los títulos de la propiedad territorial, títulos sellados con la sangre y con la esclavitud de la humanidad; y este monstruoso origen de un derecho absurdo, porque se basa en el crimen, no es un obstáculo para que la ley llame sagrado ese derecho, como que son los detentadores mismos de la tierra los que han escrito la ley. La propiedad territorial se basa en el crimen, y, por lo mismo, es una institución inmoral. Esta institución es la fuente de todos los males que afligen al ser humano. El vicio, el crimen, la prostitución, el despotismo, de ella nacen.

Para protegerla se hacen necesarios el ejército, la judicatura, el parlamento, la policía, el presidio, el cadalso, la iglesia, el gobierno y un enjambre de empleados y de zánganos, siendo todos ellos mantenidos precisamente por los que no tienen un terrón para reclinar la cabeza, por los que vinieron a la vida cuando la tierra estaba ya repartida entre unos cuantos bandidos que se la apropiaron por la fuerza, o entre los descendientes de esos bandidos, que han venido poseyéndola por el llamado derecho de herencia.

La tierra es el elemento principal del cual se extrae o se hace producir todo lo que es necesario para la vida. De ella se extraen los metales útiles: carbón, piedra, arena, cal, sales. Cultivándola, produce toda clase de frutos alimenticios y de lujo. Sus praderas proporcionan alimento al ganado, mientras sus bosques brindan su madera y las fuentes sus linfas generadoras de vida y de belleza. Y todo esto pertenece a unos cuantos, hace felices a unos cuantos, da poder a unos cuantos, cuando la naturaleza lo hizo para todos.

De esta tremenda injusticia nacen todos los males que afligen a la especie humana al producir la miseria. La miseria envilece, la miseria prostituye, la miseria empuja al crimen, la miseria bestializa el rostro, el cuerpo y la inteligencia. Degradadas, y, lo que es peor, sin conciencia de su vergüenza, pasan las generaciones en medio de la abundancia y de la riqueza sin probar la felicidad acaparada por unos pocos.

Al pertenecer la tierra a unos cuantos, los que no la poseen tienen que alquilarse a los que la poseen para siquiera tener en pie la piel y la osamenta. La humillación del salario o el hambre: este es el dilema con que la propiedad territorial recibe a cada nuevo ser que viene a la vida; dilema de hierro que empuja a la humanidad a ponerse ella misma las cadenas de la esclavitud, si no quiere perecer de hambre o entregarse al crimen o a la prostitución.

Preguntad ahora por qué oprime el gobierno, por qué roba o mata el hombre, por qué se prostituye la mujer. Detrás de las rejas de esos pudrideros de carne y de espíritu que se llaman presidios, miles de infortunados pagan con la tortura de su cuerpo y la angustia de su espíritu las consecuencias de ese crimen elevado por la ley a la categoría de derecho sagrado: la propiedad territorial.

En el envilecimiento de la casa pública, miles de jóvenes mujeres prostituyen su cuerpo y estropean su dignidad, sufriendo igualmente las consecuencias de la propiedad territorial. En los asilos, en los hospicios, en las casas de expósitos, en los hospitales, en todos los sombríos lugares donde se refugian la miseria, el desamparo y el dolor humanos, sufren las consecuencias de la propiedad territorial hombres y mujeres, ancianos y niños. Y presidiarios, mendigos, prostitutas, huérfanos y enfermos levantan los ojos al cielo con la esperanza de encontrar más allá de las estrellas que alcanzan a ver, la felicidad, la felicidad que aquí les roban los dueños de la tierra.

Y el rebaño humano, inconsciente de su derecho a la vida, torna a encorvar las espaldas trabajando para otros esta tierra con que la naturaleza lo obsequió, perpetuando con su sumisión el imperio de la injusticia. Pero de la masa esclava y enlodada surgen los rebeldes; de un mar de espaldas emergen las cabezas de los primeros revolucionarios. El rebaño tiembla presintiendo el castigo; la tiranía tiembla presintiendo el ataque, y, rompiendo el silencio, un grito, que parece un trueno, rueda sobre las espaldas y llega hasta los tronos: ¡Tierra!

«¡Tierra!» gritaron los Gracos; «¡Tierra!» gritaron los anabaptistas de Munzer; «¡Tierra!» gritó Babeuf; «¡Tierra!» gritó Bakounine; «¡Tierra!» gritó Ferrer; «¡Tierra!» grita la Revolución Mexicana, y este grito, ahogado cien veces en sangre en el curso de las edades; este grito que corresponde a una idea guardada con cariño a través de los tiempos por todos los rebeldes del planeta; este grito sagrado transportará al cielo con que sueñan los místicos a este valle de lágrimas cuando el ganado humano deje de lanzar su triste mirada al infinito y la fije aquí, en este astro que se avergüenza de arrastrar la lepra de la miseria humana entre el esplendor y la grandeza de sus hermanos del cielo.

Taciturnos esclavos de la gleba, resignados peones del campo, dejad el arado. Los clarines de Acayucan y Jiménez, de Palomas y las Vacas, de Viesca y Valladolid, os convocan a la guerra para que toméis posesión de esa tierra, a la que dais vuestro sudor, pero que os niega sus frutos porque habéis consentido con vuestra sumisión que manos ociosas se apoderen de lo que os pertenece, de lo que pertenece a la humanidad entera, de lo que no puede pertenecer a unos cuantos hombres, sino a todos los hombres y a todas las mujeres que, por el solo hecho de vivir, tienen derecho a aprovechar en común, por medio del trabajo, toda la riqueza que la tierra es capaz de producir.

Esclavos, empuñad el winchester. Trabajad la tierra cuando hayáis tomado posesión de ella. Trabajar en estos momentos la tierra es remacharse la cadena, porque se produce más riqueza para los amos y la riqueza es poder, la riqueza es fuerza, fuerza física y fuerza moral, y los fuertes os tendrán siempre sujetos. Sed fuertes vosotros, sed fuertes todos y ricos haciéndoos dueños de la tierra; pero para eso necesitáis el fusil; compradlo, pedidlo prestado en último caso, y lanzaos a la lucha gritando con todas vuestras fuerzas: ¡Tierra y Libertad!

Plan de Ayala

Redactado por Emiliano Zapata y Otilio Montaño
Villa de Ayala, 28 de noviembre de 1911

Plan Libertador de los hijos del Estados de Morelos afiliados al ejército insurgente que defienden el cumplimiento del Plan de San Luis Potosí, con las reformas que ha creído conveniente aumentar en beneficio de la Patria Mexicana.

Los que subscribimos, constituidos en Junta Revolucionaria para sostener y llevar a cabo las promesas que hizo la revolución del 20 de noviembre de 1910, próximo pasado, declaramos solemnemente ante la faz del mundo civilizado que nos juzga y ante la Nación a que pertenecemos y amamos, los principios que hemos formulado para acabar con la tiranía que nos oprime y redimir a la patria de las dictaduras que se nos imponen las cuales quedan determinadas en el siguiente Plan:

1ro.— Teniendo en consideración que el pueblo mexicano acaudillado por Don Francisco I. Madero, fue a derramar su sangre para reconquistar sus libertades y reivindicar sus derechos conculcados, y no para que un hombre se adueñara del poder, violando los sagrados principios que juró defender bajo el lema de «Sufragio Efectivo. No Reelección» ultrajando la fe, la causa, la justicia y las libertades del pueblo; teniendo en consideración: que ese hombre al que nos referimos es Don. Francisco I. Madero, el mismo que inició la precitada revolución el cual impuso por norma su voluntad e influencia al Gobierno Provisional del ex Presidente de la República Lic. Don. Francisco L. de la Barra, por haberle aclamado el pueblo su Libertador causando con este hecho reiterados derramamientos de sangre y multiplicadas desgracias a la Patria de una manera solapada y ridícula no teniendo otras miras que satisfacer sus ambiciones personales, sus desmedidos instintos de tirano y su profundo desacato al cumplimiento de las leyes preexistentes emanadas del inmortal Código de 57 escrito con la sangre de los revolucionarios de Ayutla; teniendo en consideración: que el llamado Jefe de la revolución libertadora de México, Don Francisco I. Madero, no llevó a feliz término la revolución que gloriosamente inició con el apoyo de Dios y del pueblo, puesto que dejó en pie la mayoría de los poderes gubernativos y elementos corrompidos de opresión del gobierno dictatorial de Porfirio Díaz, que no son, ni pueden ser en manera alguna la legítima representación de la Soberanía Nacional y que por ser acérrimos adversarios nuestros y de los principios que hasta hoy defendemos, están provocando el malestar del país y abriendo nuevas heridas al seno de la Patria para darle de beber su propia sangre; teniendo en consideración que el supradicho Sr. Francisco I. Madero actual Presidente de la República trata de eludirse del cumplimiento de las promesas que hizo a la Nación en el Plan de San Luis Potosí, ciñendo las precitadas promesas a los convenios de Ciudad Juárez; ya nulificando, persiguiendo o matando a los elementos revolucionarios que le ayudaron a que ocupara el alto puesto de Presidente de la República por medio de sus falsas promesas y numerosas intrigas a la Nación; teniendo en consideración que el tantas veces repetido Francisco I. Madero ha tratado de ocultar con la fuerza bruta de las bayonetas y de ahogar en sangre a los pueblos que le piden, solicitan o exigen el cumplimiento de sus promesas en la revolución llamándolos bandidos y rebeldes, condenando a una guerra de exterminio sin conceder ni otorgar ninguna de las garantías que prescriben la razón, la justicia y la ley; teniendo en consideración que el Presidente de la República Sr. Don. Francisco I. Madero, ha hecho del Sufragio Efectivo una sangrienta burla al pueblo, ya imponiendo contra la voluntad del mismo pueblo en la Vice-Presidencia de la República al Lic. José María Pino Suárez, o ya a los Gobernadores de los Estados, designados por él, como el llamado Gral. Ambrosio Figueroa, verdugo y tirano del pueblo de Morelos, ya entrando en contubernio escandaloso con el partido científico, hacendados feudales y caciques opresores, enemigos de la revolución proclamada por él, a fin de forjar nuevas cadenas y de seguir el molde de una nueva dictadura, más oprobiosa y más terrible que la de Porfirio Díaz; pues ha sido claro y patente que ha ultrajado la soberanía de los Estados, conculcando las leyes sin ningún respeto a vidas e intereses, como ha sucedido en el Estado de Morelos y otros, conduciéndonos a la más horrorosa anarquía que registra la historia contemporánea; por estas consideraciones declaramos al susodicho Francisco I. Madero, inepto para realizar las promesas de la revolución de que fue autor, por haber traicionado los principios con los cuales burló la fe del pueblo, y pudo haber escalado el poder, incapaz para gobernar por no tener ningún respeto a la ley y a la justicia de los pueblos, y traidor a la patria por estar a sangre y fuego humillando a los mexicanos que desean sus libertades, por complacer a los científicos, hacendados y caciques que nos esclavizan, y desde hoy comenzamos a continuar la revolución principiada por él, hasta conseguir el derrocamiento de los poderes dictatoriales que existen.

2do.— Se desconoce como Jefe de la Revolución a Francisco I. Madero y como Presidente de la República por las razones que antes se expresan, procurando el derrocamiento de este funcionario.

3ro.— Se reconoce como Jefe de la Revolución Libertadora al ilustre General Pascual Orozco segundo del caudillo Don Francisco I. Madero, y en caso de que no acepte este delicado puesto, se reconocerá como Jefe de la Revolución al General Emiliano Zapata.

4to.— La Junta Revolucionaria del Estado de Morelos manifiesta a la Nación bajo formal protesta: que hace suyo el plan de San Luis Potosí con las adiciones que a continuación se expresan en beneficio de los pueblos oprimidos, y se hará defensora de los principios que defiende hasta vencer o morir.

5to.— La Junta Revolucionaria del Estado de Morelos no admitirá transacciones ni componendas políticas hasta no conseguir el derrumbamiento de los elementos dictatoriales de Porfirio Díaz y Don Francisco I. Madero; pues la Nación está cansada de hombres falaces y traidores que hacen promesas de libertadores, solo que llegando al poder se olvidan de ellas y se constituyen en tiranos.

6to.— Como parte adicional del plan que invocamos hacemos constar: que los terrenos, montes y aguas que hayan usurpado los hacendados, científicos o caciques a la sombra de la tiranía y de la justicia venal entrarán en posesión de estos bienes inmuebles desde luego, los pueblos o ciudadanos que tengan sus Títulos correspondientes de esas propiedades, de las cuales han sido despojados por la mala fe de nuestros opresores, manteniendo a todo trance, con las armas en la mano la mencionada posesión, y los usurpadores que se consideren con derechos a ellos, lo deducirán ante tribunales especiales que se establezcan al triunfo de la Revolución.

7mo.— En virtud de que la inmensa mayoría de los pueblos y ciudadanos mexicanos, no son mas dueños que del terreno que pisan, sufriendo los horrores de la miseria sin poder mejorar su condición social ni poder dedicarse a la industria o a la agricultura por estar monopolizados en unas cuantas manos las tierras, montes y aguas; por esta causa se expropiarán previa indemnización de la tercera parte de esos monopolios a los poderosos propietarios de ellos, a fin de que los pueblos y ciudadanos de México, obtengan ejidos, colonias, fundos legales para pueblos o campos de sembradura o de labor y se mejore en todo y para todo la falta de prosperidad y bienestar de los mexicanos.

8vo.— Los hacendados, científicos o caciques que se opongan directa o indirectamente al presente Plan, se nacionalizarán sus bienes y las dos terceras partes que a ellos les correspondan, se destinarán para indemnizaciones de guerra, pensiones de viudas y huérfanos de las víctimas que sucumban en la lucha del presente Plan.

9no.— Para ajustar los procedimientos respecto a los bienes antes mencionados, se aplicarán leyes de desamortización y nacionalización según convenga; pues de norma y ejemplo pueden servir las puestas en vigor por el inmortal Juárez, a los bienes eclesiásticos que escarmentaron a los déspotas y conservadores, que en todo tiempo han pretendido imponernos el yugo ignominioso de la opresión y el retroceso.

10mo.— Los Jefes Militares insurgentes de la República, que se levantaron con las armas en la mano a la voz de Don Francisco I. Madero para defender el Plan de San Luis Potosí y que ahora se opongan con fuerza armada al presente Plan, se juzgarán traidores a la causa que defendieron y a la Patria, puesto que en la actualidad muchos de ellos por complacer a los tiranos, por un puñado de monedas, o por cohecho o soborno están derramando la sangre de sus hermanos que reclaman el cumplimiento de las promesas que hizo a la Nación Don Francisco I. Madero.

11ro.— Los gastos de guerra serán tomados conforme a lo que prescribe el Art. XI del Plan de San Luis Potosí, y todos los procedimientos empleados en la Revolución que emprendemos, serán conforme a las instrucciones mismas que determine el mencionado Plan.

12do.— Una vez triunfante la Revolución que hemos llevado a la vía de la realidad, una Junta de los principales Jefes revolucionarios de los diferentes Estados, nombrarán o designarán un Presidente interino de la República, quien convocará a elecciones para la nueva formación del Congreso de la Nación, y este a la vez convocará a elecciones para la organización de los demás poderes federales.

13ro.— Los principales Jefes revolucionarios de cada Estado en Junta designarán al Gobernador provisional del Estado a que correspondan, y este elevado funcionario convocará a elecciones para la debida organización de los Poderes públicos, con el objeto de evitar consignas forzadas que labran las desdichas de los pueblos, como la tan conocida consigna de Ambrosio Figueroa en el Estado de Morelos y otras que nos conducen al precipicio de conflictos sangrientos sostenidos por el capricho del dictador Madero y el círculo de científicos y hacendados que lo han sugestionado.

14to.— Si el Presidente Madero y demás elementos dictatoriales, del actual y antiguo régimen, desean evitar inmensas desgracias que afligen a la Patria, que hagan inmediata renuncia de los puestos que ocupan y con eso, en algo restañarán las graves heridas que han abierto al seno de la Patria, pues que de no hacerlo así, sobre sus cabezas caerá la sangre derramada de nuestros hermanos y

15to.— Mexicanos: considerad que la astucia y la mala fe de un hombre está derramando sangre de una manera escandalosa por ser incapaz para gobernar; considerad que su sistema de gobierno está agarrotando a la Patria y hollando con la fuerza bruta de las bayonetas, nuestras instituciones; y así como nuestras armas las levantamos para elevarlo al Poder, ahora las volvemos contra él por faltar a sus compromisos con el pueblo mexicano y haber traicionado la revolución iniciada por él: No somos personalistas, somos partidarios de los principios y no de los hombres.

Pueblo mexicano, apoyad con las armas en la mano este Plan, y haréis la prosperidad y bienestar de la Patria.

Libertad, Justicia y Ley.

Cronología

1900

18 de enero: Sublevación de las tribus yaquis.

Agosto: Aparece el Club Liberal Ponciano Arriaga, opositor a Díaz, en San Luis Potosí.

7 de agosto: Aparece el primer número del periódico *Regeneración*.

1901

5 de febrero: Se realiza el primer congreso y la fundación del Partido Liberal Mexicano.

21 de mayo: Es clausurada la publicación de *Regeneración* y Ricardo Flores Magón es encarcelado.

1902

24 de enero: Represión al Club Liberal Ponciano Arriaga.

16 de julio: Recién salido de la cárcel Ricardo Flores Magón publica *El Hijo del Ahuizote*.

Sublevación de las tribus mayas.

1903

Se reorganiza el Círculo Liberal en la Ciudad de México.

Campaña de los Clubes Liberales contra Porfirio Díaz.

1904

El núcleo del Partido Liberal Mexicano se exilia en Estados Unidos.

Se edita nuevamente el periódico *Regeneración* en Texas, Estados Unidos.

1905

27 de febrero: Aparece nuevamente *Regeneración* en Saint Louis, Missouri, Estados Unidos.

Se instituye la Junta Organizadora del Partido Liberal Mexicano.

1906

1ro. de abril: Se crea el Gran Círculo de Obreros Libres.

1ro. de junio: Huelga de los trabajadores mineros en Cananea, Sonora.

1ro. de julio: Aparece el Programa y Manifiesto del Partido Liberal Mexicano.

16 de septiembre: Insurrección del Partido Liberal Mexicano en Jiménez, Coahuila; Acayucan, Veracruz y Camargo, Tamaulipas.

1907

Crisis económica mundial.

7 de enero: Huelga de los trabajadores en Río Blanco.

8 de enero: Son fusilados Rafael Moreno y Manuel Juárez, presidente y secretario respectivamente del Gran Círculo de Obreros Libres.

1908

3 de marzo: Entrevista Díaz-Creelman.

25 de junio: Levantamiento del Partido Liberal Mexicano en Viesca y Las Vacas, Coahuila y en Palomas, Chihuahua.

1909

El Círculo Nacional Porfirista postula la reelección de Porfirio Díaz a la presidencia.

Aparece el libro *La sucesión presidencial en 1910* de Francisco Madero.

22 de mayo: Fundación del Partido Nacional Antirreeleccionista.

Reyes abandona su candidatura a la presidencia.

12 de septiembre: Emiliano Zapata es elegido Presidente del Consejo Comunal de Anenecuilco.

1910

Abril: Madero es designado candidato a la presidencia por el Partido Nacional Antirreeleccionista.

Mayo: Emiliano Zapata recupera tierras en Villa de Ayala, Morelos.

6 de junio: Madero es encarcelado por orden de Porfirio Díaz.

26 de junio: Díaz es reelegido como presidente para un séptimo mandato.

3 de septiembre: Vuelve a publicarse *Regeneración*.

6 de octubre: Madero escapa a San Antonio, Texas, Estados Unidos.

25 de octubre: Madero lanza el Plan de San Luis (con fecha 5 de octubre).

17 de noviembre: Pancho Villa ataca la Hacienda Cavaría.

18 de noviembre: Muere asesinado el maderista Aquiles Serdán

20 de noviembre: Fecha para la insurrección convocada en el Plan de San Luis.

1911

Levantamientos en el norte al mando de Pancho Villa y Pascual Orozco.

29 de enero: Alzamiento de los hermanos Flores Magón en Baja California. Logran tomar la Ciudad de Mexicali.

14 de febrero: Madero regresa a México.

10 de marzo: Alzamiento de Emiliano Zapata y Pablo Torres Burgos en Morelos.

23 de marzo: Fusilan a Pablo Torres Burgos.

10 de mayo: Los revolucionarios al mando de Villa y Orozco toman Ciudad Juárez, Chihuahua.

20 de mayo: Los zapatistas toman las ciudades de Cuautla y Cuernavaca, Morelos.

21 de mayo: Madero y Díaz firman el tratado de Ciudad Juárez.

26 de mayo: Díaz se va del país y asume como presidente provisional Francisco León de la Barra.

7 de junio: Madero entra a la capital.

Entre julio y agosto, el general Victoriano Huerta combate a los zapatistas.

1ro. de octubre: Elecciones nacionales y triunfa Francisco Madero.

23 de septiembre: Manifiesto del Partido Liberal Mexicano contra la propiedad privada.

31 de octubre: Plan de Tacubaya.

6 de noviembre: Madero toma posesión de su cargo de presidente.

28 de noviembre: Emiliano Zapata lanza el Plan de Ayala convocando a continuar la lucha.

13 de diciembre: Intento de golpe contra Madero del general Bernardo Reyes.

1912

25 de marzo: Se subleva Pascual Orozco en Chihuahua y lanza el Pacto de la Empacadora.

Los generales Prudencio Robles y Victoriano Huerta reprimen los alzamientos campesinos.

Agosto: Se crea la Casa del Obrero Mundial.

16 de octubre: Se subleva Félix Díaz contra el gobierno de Madero.

Los zapatistas intervienen en los conflictos por la tierra entre las haciendas y los pueblos.

7 de noviembre: Huerta manda a encarcelar a Villa.

26 de diciembre: Villa escapa de la cárcel de Santiago de Tlatelolco.

1913

9 de febrero: La «Decena trágica» en la Ciudad de México.

19 de febrero: El general Huerta usurpa la presidencia.

22 de febrero: El presidente Madero y el vicepresidente Pino Suárez son asesinados.

Marzo: Orozco reconoce el gobierno de Huerta y hace una alianza.

8 de marzo: Villa regresa a México y se suma al Constitucionalismo.

26 de marzo: Venustiano Carranza —gobernador de Coahuila— desconoce el gobierno de Huerta.

26 de marzo: Carranza proclama el Plan de Guadalupe contra el gobierno de Huerta.

El ejército constitucionalista se enfrenta al ejército federal.

1ro. de mayo: Manifestación de la Casa del Obrero Mundial contra Huerta en la capital.

30 de mayo: Zapata reforma el Plan de Ayala.

10 de junio: Manifiesto zapatista convoca a continuar la lucha.

30 de agosto: Reparto de tierras en la población de Matamoros

29 de septiembre: Se crea la División del Norte.

1ro. de octubre: Primera victoria de la División del Norte con la toma de la ciudad de Torreón.

10 de octubre: Huerta disuelve el Congreso y llama a elecciones presidenciales.

20 de octubre: Manifiesto a la Nación por los zapatistas.

21 de octubre: Carranza declara que una vez conseguido el triunfo disolverá el ejército federal.

27 de octubre: Huerta gana las elecciones presidenciales.

1914

2 de abril: Villa recupera la ciudad de Torreón.

21 de abril: Desembarca en el puerto de Veracruz la infantería de marina estadounidense.

24 de junio: Triunfo de Villa en Zacatecas y la ocupación de Querétaro, Guanajuato y Guadalajara.

5 de julio: Los zapatistas lanzan un manifiesto contra el gobierno de Huerta.

8 de julio: Pacto de Torreón entre Villa y Carranza.

15 de julio: Huerta presenta su dimisión y sale del país.

15 de agosto: Entran los constitucionalistas en la capital y con el Tratado de Teoloyucan se acordó la disolución del ejército federal.

Agosto: Nuevo manifiesto de los zapatistas convocando a continuar la lucha.

15 de septiembre: Las tropas norteamericanas se retiran del puerto de Veracruz.

22 de septiembre: Villa envía un telegrama de renuncia a Carranza.

1ro. de octubre: Carranza convoca a una Convención en la Ciudad de México.

Obregón parte a reunirse con Villa.

2 de octubre: Carranza renuncia ante las presiones.

4 de octubre: Se traslada la Convención a la ciudad de Aguascalientes.

10 de octubre: Inicia sus sesiones la Convención de Aguascalientes.

27 de octubre: Se incorpora la delegación zapatista.

30 de octubre: Se decide el cese del gobierno de Carranza y se designa a Eulalio Gutiérrez presidente interino.

10 de noviembre: Se nombra Jefe del Ejército de la Convención a Villa.

12 de noviembre: Carranza desconoce a Villa y Gutiérrez.

23 de noviembre: Carranza negocia con Estados Unidos la entrega efectiva del puerto de Veracruz.

24 de noviembre: Obregón abandona la capital.

3 de diciembre: La División del Norte entra a la Ciudad de México.

4 de diciembre: Se encuentran Villa y Zapata en Xochimilco.

6 de diciembre: Desfilan las tropas zapatistas y la División del Norte frente al Palacio Nacional.

12 de diciembre: Carranza promulga los decretos de las adiciones al Plan de Guadalupe.

1915

Enero de 1915: Carranza promulga la Ley Agraria.

4 de enero: Los ejércitos carrancistas al mando del general Obregón ocupan Puebla.

28 de enero: Obregón toma Ciudad de México.

17 de febrero: Se crean los batallones rojos.

10 de marzo: Obregón abandona la capital para ir a combatir a Villa.

Entre abril y julio, Obregón al mando del Ejército de Operaciones derrota a Villa en las batallas del Bajío.

Entre julio y septiembre, Pablo González obliga a los zapatistas a replegarse en las montañas.

2 de agosto: Pablo González recupera la capital.

10 de octubre: El gobierno de la Convención se divide en Toluca.

19 de octubre: Estados Unidos reconoce al gobierno de Carranza.

28 de octubre: Se da a conocer la Ley Agraria zapatista.

31 de octubre: Carranza otorga el edificio del Jockey Club a la Casa del Obrero Mundial.

Noviembre: Carranza anuncia una campaña para terminar con el zapatismo.

Villa reinicia en el norte una guerra de guerrillas.

1916

10 de enero: Jefes villistas fusilan 15 norteamericanos.

13 de enero: Carranza disuelve los batallones rojos.

1ro. de febrero: González desaloja violentamente a los obreros del edificio del Jockey Club.

9 de marzo: Villa invade la población norteamericana de Columbus.

16 de marzo: Estados Unidos ordena la «expedición punitiva».

Mayo: Pablo González toma la ciudad de Cuernavaca en Morelos.

31 de julio: Huelga general contra Carranza.

19 de septiembre: Carranza convoca a un Congreso Constituyente en Querétaro.

Diciembre: Villa toma Torreón y González abandona Morelos.

1917

5 de febrero: Se sanciona la nueva Constitución.

6 de febrero: Se retira la «expedición punitiva» tras su fracaso.

10 de mayo: Carranza, electo presidente de la República, toma posesión de su cargo.

18 de mayo: Fusilamiento de Otilio Montaño.

1918

14 de febrero: Carta de Zapata a Jenaro Amescua hermanando la Revolución Mexicana con la Revolución Rusa.

Noviembre: Epidemia de influenza española en Morelos.

Diciembre: González vuelve a la ofensiva en el sur y ocupa Morelos.

1919

Enero: Zapata regresa a las montañas.

Enero: Villa y Ángeles se reúnen y forman un ejército, pero son prontamente derrotados en el mes de abril.

10 de abril: Es asesinado a traición Emiliano Zapata en una emboscada en la Hacienda de San Juan Chinameca.

4 de septiembre: Es designado Giraldo Magaña como sucesor de Zapata.

Octubre: Obregón lanza su candidatura a la presidencia y se enfrenta a Carranza.

26 de noviembre: Felipe Ángeles es capturado y fusilado.

1920

23 de abril: Obregón lanza el Plan de Agua Prieta contra Carranza.

7 de mayo: Carranza huye de la capital.

21 de mayo: Carranza muere asesinado.

24 de mayo: El Congreso designa a Adolfo de la Huerta presidente provisional.

Septiembre: Álvaro Obregón gana las elecciones presidenciales.

1922

21 de noviembre: Muere Ricardo Flores Magón en la prisión de Leavenworth, Kansas, Estados Unidos.

1923

20 de julio: Villa muere asesinado en Parral, Chihuahua.

Bibliografía

BARTRA, ARMANDO: *Regeneración 1900-1918. La corriente más radical de la Revolución mexicana de 1910 a través de su periódico de combate*, Editorial Era, México, 1997.

BRANSBOIN, HERNÁN; BETIANA CURCI; JUAN LUIS HERNÁNDEZ; AGUSTÍN SANTELLA; HERNÁN TOPASSO (compiladores): *La Revolución mexicana. Documentos fundamentales (1910-1920)*, Editorial Manuel Suárez, Buenos Aires, 2004.

CRAGNOLINO, SILVIA: *Rebelión obrera en México. La huelga de Cananea*, Centro Editor de América Latina, Buenos Aires, 1990.

CUESY, SILVIA L.: *Emiliano Zapata*, Editorial Planeta, México, 2004.

CUMBERLAND, CHARLES C.: *Madero y la Revolución mexicana*, Editorial Siglo XXI, México, 2006.

ESPEJEL, LAURA; ALICIA OLIVERA y SALVADOR RUEDA: *Emiliano Zapata. Antología*, Instituto Nacional de Estudios Históricos de la Revolución Mexicana (INEHRM), México, 1988.

GILLY, ADOLFO: *La revolución interrumpida*, Editorial Era, México, 2004.

GOLDAR, ERNESTO: *La Revolución mexicana*, Centro Editor de América Latina, Buenos Aires, 1972.

KENNETH TURNER, JOHN: *México bárbaro*, Editores Mexicanos Unidos, México, 1992.

LÓPEZ, CHANTAL y OMAR CORTÉS (compiladores): *Emiliano Zapata. Cartas*, Ediciones Antorcha, México, 1987.

MADERO, FRANCISCO: *La sucesión presidencial en 1910*, Editorial Época, México.

MAGAÑA, GIRALDO: *Emiliano Zapata y el agrarismo en México*, Editorial Ruta, México, 1934.

MARTÍNEZ ESCAMILLA, RAMÓN: *Emiliano Zapata. Escritos y documentos (1911-1918)*, Centro de Estudios para el Desarrollo, México, 1999.

REED, JOHN: *México insurgente*, Editorial Crítica, Barcelona, 2000.

RIUS (DEL RÍO GARCÍA, EDUARDO): *La Revolución mexicana*, Ediciones Debolsillo, México, 2006.

RIVERA, JORGE B.: *La Revolución mexicana*, Centro Editor de América Latina, Buenos Aires, 1969.

SILVA HERZOG, JESÚS: *Breve historia de la Revolución mexicana. La etapa constitucionalista y la lucha de facciones*, Fondo de Cultura Económica, México, 1984.

_____: *Breve historia de la Revolución mexicana. Los antecedentes y la etapa maderista*, Fondo de Cultura Económica, México, 1997.

_____: *Trayectoria ideológica de la Revolución mexicana*, Editorial Utopía, México, 1976.

TAIBO II, PACO IGNACIO: *Pancho Villa. Una biografía narrativa*, Editorial Planeta, México, 2006.

WOMACK JR., JOHN: *Zapata y la Revolución mexicana*, Editorial Siglo XXI, México, 2003.

Recursos de la web

http://www.bibliotecas.tv/

http://www.ojinaga.com/villamex/index.html

http://www.antorcha.net/biblioteca_virtual/

Sobre la autora

LUCIANA LARTIGUE nació el 2 de julio de 1978 en Buenos Aires, Argentina. Es socióloga por la Facultad de Ciencias Sociales de la Universidad de Buenos Aires, docente en la misma casa de estudios y especialista en propiedad intelectual por la Universidad Bolivariana de Venezuela. Trabaja en el Consejo Latinoamericano de Ciencias Sociales.

GUERRA Y REVOLUCIÓN EN ESPAÑA
Valeria Ianni

Un viaje al pasado español, que devuelve la vigencia de la gesta revolucionaria y la Guerra Civil vivida por su pueblo en la década de los treinta, en el umbral de la Segunda Guerra Mundial. La autora de este volumen rescata del olvido la lucha tenaz a favor de la causa republicana y la alianza solidaria contra el fascismo, a la que se hermanaron muchos países del orbe, poco después del ascenso de Adolfo Hitler al gobierno de Alemania.

142 páginas, 2008, ISBN 978-1-921235-80-1

POESÍA COMO UN ARMA
25 poetas con la España revolucionaria en la Guerra Civil
Selección y prólogo Mariano Garrido

Es esta una antología de 25 poetas revolucionarios españoles y latinoamericanos que lucharon por la causa republicana durante la Guerra Civil española. Poetas que pusieron su pluma al servicio de la vida: contra el fascismo, por la defensa de la causa popular, y en muchos casos, por la revolución.

218 páginas, 2009, ISBN 978-1-921235-96-2

LA GUERRA DE VIETNAM
Agustín Prina

Una breve narración de la epopeya de Vietnam y sus combatientes. Relata las victorias sobre Japón, Francia y los Estados Unidos; la lucha armada y política de esta pequeña nación y su indoblegable espíritu. Rescata las enseñanzas políticas de Ho Chi Minh y el general Giap, así como la repercusión de la causa vietnamita en las juventudes occidentales, el movimiento antibelicista norteamericano e internacional, y la cultura toda.

188 páginas, 2008, ISBN 978-1-921235-79-5

EL NAZISMO
La otra cara del capitalismo
Patricia Agosto

Una breve historia del ascenso y caída del nazismo. Un examen de las causas internas e internacionales de la consolidación del nazismo, así como una radiografía de los sectores que acumularon capital y se enriquecieron en medio de los campos de concentración y exterminio.

192 páginas, 2008, ISBN 978-1-921235-94-8

LA REVOLUCIÓN NEGRA
La rebelión de los esclavos en Haití (1791-1804)
María Isabel Grau

Este texto se suma al proceso de reescritura de la historia de nuestros pueblos. Al conocer sobre la rebelión de los esclavos en la antigua colonia de Saint-Domingue (1791-1804) vislumbramos la conexión entre el crudo escenario actual y el proceso de violenta expropiación a que ha sido sometida esta nación caribeña desde el siglo XV hasta nuestros días.

147 páginas, 2009, ISBN 978-1-921438-34-9

LA REBELIÓN NEGRA EN LOS ESTADOS UNIDOS
Marisa Gallego

Este libro que nos invita a conocer los distintos momentos de la rebelión negra en los Estados Unidos y la historia de sus organizaciones, nos proporcionará respuestas a estas interrogantes. Las voces de líderes como Martin Luther King, Malcolm X, Stokely Carmichael y los Panteras Negras encarnaron las posiciones más radicales de la resistencia que forjó una actitud militante en la comunidad afronorteamericana, cuya impronta está vigente hoy.

135 páginas, 2011, ISBN 978-1-921438-27-1

LA REVOLUCIÓN FRANCESA
Valeria Ianni

Estas páginas, intentan recuperar el significado crucial de la Revolución Francesa y el ideario jacobino en la historia de la humanidad; un proceso que continúa siendo un hito sin perder de vista las limitaciones inmanentes a su carácter de clase. Una revolución es mucho más que la necesaria violencia que acompaña a la toma del poder. Sin la posibilidad de proponer una nueva visión de la sociedad, difícilmente pueda hablarse de una revolución verdadera.

163 páginas, 2011, ISBN 978-1-921438-35-6

REVOLUCIÓN BOLIVIANA DE 1952
Noel Pérez

Protagonizada por el campesinado, los obreros urbanos y mineros, esta proeza social no puede deslindarse del contexto en que tomó lugar, de las motivaciones que guiaron a sus gestores, del colonialismo profundo que legaron al país tantos años de dominio metropolitano, ni de la experiencia de lucha redentora acumulada por las generaciones precedentes en la gesta independentista.

138 páginas, 2011, ISBN 978-1-921438-33-2

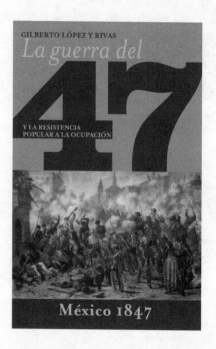

LA GUERRA DEL '47 Y LA RESISTENCIA POPULAR A LA OCUPACIÓN

Gilberto López y Rivas

El autor realiza un acucioso análisis, desde una perspectiva marxista, sobre la historia del despojo territorial del que fue objeto México por parte de los Estados Unidos, a mediados del siglo XIX, de la resistencia del pueblo mexicano ante la invasión foránea y perfila los orígenes de la cultura chicana.

213 páginas, 2009, ISBN 978-1-921438-15-8

FIDEL CASTRO
Antología mínima
Fidel Castro

Esta antología, que incluye las reflexiones y discursos más representativos de Fidel Castro, sin dudas constituye una referencia de incalculable valor en el contexto de transformaciones políticas y sociales que vive América Latina. La voz del líder cubano ha trascendido las fronteras nacionales para encarnar las ideas más radicales de la lucha revolucionaria mundial.

542 páginas + 26 páginas de fotos, 2011, ISBN 978-1-921438-98-1

REFLEXIONES
Fidel Castro

Las reflexiones de Fidel Castro, cuyo impacto internacional las ha situado desde el 2007 en la portada de los principales medios de información del mundo, combinan el acercamiento crítico al acontecer actual, con la memoria de uno de los mayores ideólogos revolucionarios de todos los tiempos.

321 páginas, 2010

ISBN 978-1-921438-71-4

OBAMA Y EL IMPERIO
Fidel Castro

¿Cómo caracterizar la elección de Obama a la presidencia de los Estados Unidos y cómo evaluar su desempeño durante el primer año en el cargo? Una de las figuras de estatura mundial mejor calificadas para dar respuesta a estas interrogantes es Fidel Castro Ruz. Este volumen incluye todas las Reflexiones sobre Obama y su política divulgadas por el líder cubano desde 2008 hasta 2010.

141 páginas, 2011, ISBN 978-1-921700-00-2

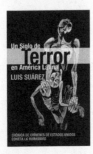

UN SIGLO DE TERROR EN AMÉRICA LATINA
Crónica de crímenes de Estados Unidos contra la humanidad
Luis Suárez

Una visión panorámica de la historia de las intervenciones y crímenes de guerra de los Estados Unidos en América Latina. Este volumen documenta los desafíos que para las naciones latinoamericanas ha representado el modelo de dominación imperialista de los Estados Unidos durante los últimos cien años.

591 páginas, 2006, ISBN 978-1-920888-49-7

CHE GUEVARA PRESENTE
Una antología mínima
Ernesto Che Guevara

Compilación y prólogo de David Deutschmann y María del Carmen Ariet

Reúne escritos, ensayos, discursos y epistolario que revelan aristas sobresalientes del pensamiento teórico y práctico del Che acerca de la lucha revolucionaria, sus conceptos de cómo construir el socialismo en sociedades subdesarrolladas, su rol en la política exterior cubana y su solidaridad e internacionalismo.

453 páginas, 2004, ISBN 978-1-876175-93-1

EL DIARIO DEL CHE EN BOLIVIA
Ernesto Che Guevara

Introducción de Fidel Castro Ruz

Prólogo de Camilo Guevara March / Compilación y notas de Ma. del Carmen Ariet

Diario escrito durante la contienda guerrillera en Bolivia de noviembre de 1966 a octubre de 1967. Testamento histórico de una epopeya que forma parte de la gesta libertaria de la América Nuestra.

291 páginas + 32 páginas de fotos, 2006

ISBN 978-1-920888-30-5

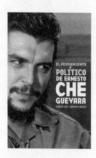

EL PENSAMIENTO POLÍTICO DE ERNESTO CHE GUEVARA
María del Carmen Ariet

Prólogo de Jacinto Valdés-Dapena

La autora examina, estudia y valora con profundo sentido histórico los orígenes de la formación, desarrollo e integralidad del Che y destaca sus importantes aportes a la teoría revolucionaria para todos los tiempos.

222 páginas, 2010

ISBN 978-1-921235-56-6

ANTROPOLOGÍA, ETNOMARXISMO Y COMPROMISO SOCIAL DE LOS ANTROPÓLOGOS
Gilberto López y Rivas

Reúne reflexiones sobre los orígenes y fundamentos del etnomarxismo; los desafíos de los antropólogos en la etapa de transnacionalización neoliberal; la denuncia de la antropología mercenaria utilizada en la intervención y ocupación militar de Afganistán e Irak; y las experiencias autonómicas indígenas así como las transformaciones sociales en el México contemporáneo.

69 páginas, 2010, ISBN 978-1-921438-88-2

¿REFORMA O REVOLUCIÓN EN AMÉRICA LATINA?
El proceso venezolano
Amílcar Figueroa Salazar

Esta reflexión aspira a analizar la especificidad de los cambios en curso en la sociedad venezolana, con la histórica polémica de reforma o revolución como telón de fondo y, además, a incursionar en el escenario más amplio de lo que acontece en nuestra América Latina.

32 páginas, 2009

ISBN 978-1-921438-70-7

¿REFORMA O REVOLUCIÓN EN AMÉRICA LATINA?
El proceso boliviano
Hugo Moldiz

Revolución, acompañada de reformas radicales permanentes, es lo que una amplia gama de movimientos sociales bolivianos esperan que se profundice a partir de la segura reelección del presidente Evo Morales, en diciembre de 2009. El nuevo intento de quebrantar el proceso por parte del imperialismo y la derecha, está a la vuelta de la esquina.

43 páginas, 2009, ISBN 978-1-921438-73-8

PROCESOS REVOLUCIONARIOS EN AMÉRICA LATINA
Alberto Prieto

Una inspiradora travesía por la historia de los procesos revolucionarios de América Latina iluminada por Túpac Amaru, Hidalgo, Martí, Bolívar, Miranda y San Martín, Mariátegui, Sandino y el Che. Las insurrecciones y revueltas en el siglo XVIII, la avalancha independentista, las transformaciones democráticas y antiimperialistas, el influjo de la Revolución Cubana, el Sandinismo y el nuevo auge revolucionario y democrático en nuestra región quedan registrados en sus páginas.

360 páginas, 2009, ISBN 978-1-921438-26-4

JUSTICIA GLOBAL
Liberación y socialismo
Ernesto Che Guevara
Compilación y prólogo de María del Carmen Ariet

Selección de sus últimos discursos y escritos (1965-1967), devenidos ensayos de alto valor testimonial donde confluyen la polémica, el debate y las decisiones irrenunciables para construir su proyecto de cambio desde sus tesis tercermundistas.

77 páginas, 2002, ISBN 978-1-876175-46-7

ocean sur
una nueva editorial latinoamericana
www.oceansur.com • info@oceansur.com

Ocean Sur es una casa editorial latinoamericana que ofrece a sus lectores las voces del pensamiento revolucionario de América Latina de todos los tiempos: Bolívar, Martí, Che Guevara, Fidel Castro, Haydee Santamaría, Roque Dalton, Hugo Chávez, Evo Morales y otros. Inspirada en la diversidad étnica, cultural y de género, las luchas por la soberanía nacional y el espíritu antiimperialista, Ocean Sur desarrolla múltiples líneas editoriales que divulgan las reivindicaciones y los proyectos de transformación social de los protagonistas del renacer de Nuestra América.

Publicamos relevantes contribuciones sobre teoría política y filosófica de la izquierda, la historia de nuestros pueblos, la trayectoria de los movimientos sociales y la coyuntura política internacional. Nuestras colecciones, entre ellas, Proyecto Editorial Che Guevara, Fidel Castro, Roque Dalton, Biblioteca Marxista, Contexto Latinoamericano, Vidas Rebeldes, Historias desde abajo, La otra historia de América Latina y Pensamiento Socialista, promueven el debate de ideas como paradigma emancipador de la humanidad. Ocean Sur